어린이를 위한 따뜻한 과학, 적정기술

**어린이를 위한 따뜻한 과학,
적정 기술**

초판 1쇄 발행 2017년 7월 20일
초판 5쇄 발행 2023년 10월 20일

지은이 이아연
그린이 박선하
펴낸이 이지은 **펴낸곳** 팜파스
기획편집 박선희
디자인 조성미 **마케팅** 김서희, 김민경

출판등록 2002년 12월 30일 제 10-2536호
주소 서울특별시 마포구 어울마당로5길 18 팜파스빌딩 2층
대표전화 02-335-3681 **팩스** 02-335-3743
홈페이지 www.pampasbook.com | blog.naver.com/pampasbook
이메일 pampas@pampasbook.com

값 12,000원
ISBN 979-11-7026-168-1 (73500)

ⓒ 2017, 이아연

· 이 책의 일부 내용을 인용하거나 발췌하려면 반드시 저작권자의 동의를 얻어야 합니다.
· 잘못된 책은 바꿔 드립니다.

이 도서의 국립중앙도서관 출판시도서목록(CIP)은 서지정보유통지원시스템 홈페이지 (http://seoji.nl.go.kr)와 국가자료공동목록시스템(http://www.nl.go.kr/kolisnet)에서 이용하실 수 있습니다.(CIP제어번호: CIP2017015492)

어린이를 위한
따뜻한 과학,
적정기술

글 이아연 · 그림 박선하

팜파스

어린이 친구들에게

　기술의 발전은 인간만이 지닌 특별한 능력에서 시작되었어. 인간은 동물처럼 세차게 달릴 네 다리도, 하늘을 가로지를 날개도 없지만 '도구를 만들고 사용하는 능력'이 있거든. 그래서 자동차를 만들어 동물보다 더 빨리 달릴 수 있게 되었고, 비행기를 만들어 날개가 없어도 하늘을 날 수 있게 되었어.

　더 많은 도구와 기술이 생겨난 지금은 어떨까? 세상은 정말 빠르게 변하고 있지 않아? 집안 곳곳을 돌아다니며 청소하는 로봇청소기, 미지의 세계로 발사되는 우주선, 인간과 바둑을 두는 인공지능 로봇을 이제는 심심찮게 볼 수 있어.

게다가 기술이 발전하면서 인간의 노동 시간은 줄고 여가 시간은 늘어났어. 삶이 더욱 윤택해진 거지. 하지만 기술의 뒷면에는 우리가 예상한 문제와 예상하지 못했던 문제들이 숨어 있었지.

우리가 예상한 문제로는 환경 오염이 있어. 자동차들이 뿜어내는 매연은 공기를 더럽혔어. 우후죽순 세워진 공장들은 우리가 마시는 물과 산림을 오염시켰어. 에어컨의 냉매로 사용되는 프레온 가스, 휴대 전화의 부품으로 쓰이는 금속 등도 환경을 파괴하는 큰 원인이야.

우리가 예상하지 못했던 문제는 여러 대륙에서 생겨났어. 기술은 전 세계로 균등하게 퍼져 나가지 않았거든. 선진국에서는 수도꼭지만 돌려도 물이 쏟아지지만 아프리카에서는 마시고 씻을 물을 구하러 가기 위해 먼 거리를 걸어야 해. 우리나라와 가까운 필리핀만 하더라도 전력 문제가 상당히 많아. 이처럼 기술이 발전하면서 세계는 좀 더 불평등해졌어.

미처 예상하지 못했던 문제는 우리 안에도 있어. 빠르게 변하는 세상에 적응하려면 새로 개발되는 기술을 끊임없이 익혀야 해. 그러다 보니 새로운 기술을 익히기 어려운 사람들이 생겨났어. 나이와 경제적인 능력의 문제로 모두가 기술을 평등하게 나누지 못하는 거야.

아까 말했다시피, 인간에게는 도구를 만들어 내는 특별한 능력이 있잖아? 많은 사람들이 기술의 발전에 따른 문제점을 그냥 지켜보지만은 않았어. 그렇게 생겨난 것이 바로 '적정 기술'이야.

알맞고 바르다는 뜻을 가진 '적정'과 인간 생활을 유용하게 하는 수단을 뜻하는 '기술'이 만나 어떤 결과를 낳았을까?

이 책은 적정 기술이 어떻게 탄생하게 되었는지에 대한 궁금증으로 시작해. 다양한 적정 기술의 사례와 우리에게 끼치는 영향, 적정 기술의 미래에 대해 다루고 있어. 이 책과 함께한다면, 들어 봤지만 멀게만 느껴진 '적정 기술'과 가까워지는 계기가 되지 않을까?

준비됐지? 그럼 첫 장을 열어 보자. 도대체 적정 기술이 뭔지 알아보는 거야!

이아연

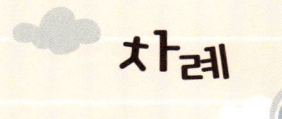

차례

어린이 친구들에게 5

아이작 뉴턴, 적정 기술과 운명처럼 만나다 12

따뜻한 과학, 적정 기술은 무엇일까?

인간의 생활을 편리하게 해 주는 '기술' 28

그런데 기술은 모두에게 평등하지 않다고?! 30

세상이 발전해도 왜 가난은 사라지지 않는 거지? 33

적정 기술이란 무엇일까? 35

느리게 걸어가는 적정 기술 39

 이야기 둘

들리지 않아도, 말하지 않아도 대화할 수 있어요! 42

따뜻한 과학, 적정 기술이 이웃과 만나다

첨단 기술과 적정 기술은 친구 사이라고? 56

장애를 극복하게 돕고 저렴하게 이용할 수 있는 기술 59

'별거 아닌 기술'에서 '별거 있는 기술'로! 64

인간의 얼굴을 한 기술, 적정 기술 70

이야기 셋

우리 동네 햇빛 영화관은 아주 특별해! 74

따뜻한 과학, 적정 기술이 환경과 만나다

환경의 역습이 시작되었어! 86
케미포비아란 무엇일까? 왜 생겨났을까? 90
환경 오염 걱정 없는 깨끗한 에너지, 클린 에너지! 93
환경을 지키는 적정 기술에 대해 알아보자! 98
TIP 팥손난로 만들기 102

이야기 넷

우리 모두를 위한 디자인, 노란 카펫을 아시나요? 104

따뜻한 과학, 적정 기술이 디자인과 만나다

디자인은 어디에나 있다고? 118
적정 기술과 디자인이 만나면 어떤 일이 일어날까? 120
모두를 위한 디자인, '유니버설 디자인' 123
사회 문제와 디자인이 만나면 어떤 일이 일어날까? 128

이야기 다섯

제 30회 세계 머신 선발 대회 134

따뜻한 과학, 적정 기술이 미래가 되다

인간이 중심이 되는 과학, 적정 기술 148
적정 기술의 실패로 보는 앞으로 나아갈 길! 150
적정 기술 '사용 설명서'! 154
우리나라의 적정 기술과 미래를 살펴보자! 156
우리나라의 적정 기술 단체를 살펴보자! 158

아이작 뉴턴, 적정 기술과 운명처럼 만나다

원숭이 엉덩이는 빨개, 빨가면 사과, 사과는 맛있어~ 🎵♪

'이게 무슨 소리야. 사과는 맛있어가 아니고 중력에 의해 떨어지지. 잠깐?! 이건 어디서 나는 소리지?'

순간, 나는 눈을 번쩍 떴다. 이상한 노래는 계속해서 들리고 있었다.

'도대체 여기가 어디지?'

주변에는 처음 보는 희한한 생김새의 물건들과 가구들이 놓여 있었다. 분명 방금 전까지 나무에서 사과가 떨어지는 것을 보며 만유인력에 대해 생각하고 있었다. 그러다 따뜻한 햇살에 깜빡 졸았다가 눈을 뜨니 이곳에 있는 것이다.

'이건 분명히 꿈일 거야.'

나는 침대에서 몸을 일으켜 거울 앞으로 향했다. 거울 앞에는 검은 머리카락을 가진 중년의 남자가 서 있었다. 나는 볼을 꼬집어 보았다. 그러자 거울 앞의 남자도 자신의 볼을 꼬집었다. 화끈하고 얼얼한 통증이 느껴지자 나는 입을 떡하고 벌렸다.

'아야! 아프잖아? 그럼 이게 꿈이 아니란 말이야?!'

으아아악! 나도 모르게 비명이 터져 나왔다.

내 이름은 아이작 뉴턴이다. 성탄절의 축복을 받으며 1642년 12월 25일에 영국에서 태어났다. 나를 지칭하는 말은 참 많다. 근대 과학의 선구자, 천재 수학자, 천문학자 등. 물론 더 있지만 내 자랑 같으니 여기까지만 하겠다. 훗!

그런데 그런 내가 도대체 왜 여기에 있는 거란 말인가? 게다가 검은 머리카락을 가진 동양인이라니?

이 수수께끼를 풀기 위해 나는 한동안 방 안을 빙글빙글 돌았다. 벽에 걸린 달력과 시계를 보니 지금은 2018년이고 오전 9시인 것 같다. 또한 책상 위에 있는 이상한 물건의 버튼을 누르자 아까 나왔던 노래를 끌 수 있었다. 그러고 보니 기계들이 뭔가 더 뛰어난 느낌이다.

나는 커튼을 젖혔다. 그러자 아침 햇살이 방안으로 쏟아져 들어왔다.

'저게 뭐지?'

창밖을 바라본 나의 눈은 휘둥그레졌다. 건물들이 하늘을 찌를 듯이 높게 솟아 있었다. 도로 위에는 자동차들이 빠르게 달렸다. 자동차는 내가 살던 시대에도 있었지만 지금의 것과는 모양과 속도가 너무 달랐다.

'미래가 확실하군. 추리가 맞았어. 역시 난 천재야.'

띠리링! 띠리링!

스스로 뿌듯해하고 있을 때 어디선가 날카로운 소리가 울렸다. 아까 나를 깨운 그 기계인가 싶어 살펴보았지만 이번에는 아니었다.

'도대체 어디서 나는 소리지?'

범인은 침대 위 베개 옆에 있는 물건이었다. 손바닥만 한 물건에서 이렇게 큰 소리가 나오다니, 놀라운 일이다. 나는 조심스럽게 그 물건을 만져 보았다. 검지로 평평한 면을 만지자 소리가 뚝 끊기며 이번에는 사람의 목소리가 들렸다.

"김이삭 박사님. 박 조교입니다. 지금 1층에 도착했습니다."

나는 갑자기 들리는 말소리에 깜짝 놀라 물건을 떨어뜨렸다.

"으악! 기계가 사람 소리를 내다니!"

나는 주변을 두리번거렸지만 도와줄 사람은 어디에도 없었다. 게다가 신기하게도 나는 영어가 아닌 말을 다 알아듣고 있었다. 물건은 또 한 번 말소리를 냈다.

"김이삭 박사님?"

아무래도 나를 부르는 것 같다. 그렇다면 내 이름이 김이삭인가? 나는 바닥에 떨어진 물건을 주워 대답했다.

"네. 마… 말씀하세요."

힘주어 말하려 했는데 결국 더듬고 말았군. 하지만 상대는 내가 긴장한 걸 눈치채지 못한 모양이다.

"박사님. 저 박 조교입니다. 어서 1층으로 내려오세요. 좀 있으면 수업 시작합니다."

그때 나는 두 가지 사실을 더 알게 되었다. 내가 박사라는 사실과 학생을 가르치는 일을 한다는 것이다. 예전과 같은 직업이라니 그나마 다행이다. 그러자 스멀스멀 호기심이 피어올랐다.

'정말 이곳이 미래라면 어떻게 변했을까? 아무래도 원래 있던 곳으로 돌아가는 것은 미뤄야겠다!'

아무튼 내 호기심은 나조차 말릴 수 없다. 나는 옷장을 열어 양복을 꺼내어 입었다. 아이작 뉴턴, 아니 김이삭 박사 출동이다!

 2018년의 도시는 놀라움의 연속이었다. 첫 환호성은 문 앞을 나서자마자 터지고 말았다. 자동으로 빠르게 내려가고 올라가는 문이 있었기 때문이다. 자동문 안에 들어가니 스르륵 문이 닫히고 곧 1층에 다다랐다.
 '우와! 계단으로 내려가지 않으니 힘도 덜 들고 시간도 절약할 수 있겠어.'
 파란 자동차를 몰고 온 박 조교가 1층 문 앞에서 기다리고 있었다. 박 조교가 건넨 따뜻한 커피 때문에 난 두 번째 환호성을 지를 수밖에 없었다.
 "이 따뜻한 커피는 어디서 난 건가?"
 "자판기에서 뽑았는데요? 저기요."
 박 조교가 손가락으로 가리킨 곳에는 네모난 기계가 서 있었다. 한 사람이 기계 앞면에서 커피를 꺼내고 있었다.
 '우와! 기계가 따뜻한 커피를 보관하고 있어!'
 1600년대와는 당연히 다를 거라고 생각했지만 기술의 진보가 상상을 초월할 정도다.

그런데 나를 보는 박 조교의 눈빛이 심상치 않았다. 그래서 자동차가 출발할 때도 너무 빠른 속도에 깜짝 놀랐지만 환호성을 지르지 않았다. 하지만 차를 타고 접한 풍경은 그야말로 굉장해 소리를 지르지 않을 수 없었다.

수많은 사람들을 태우고 이동하는 지하철, 셀 수 없이 많은 상점들과 빌딩들, 여러 색깔의 불이 들어오는 도로 신호들까지. 온통 신기한 것들이었다. 박 조교의 말에 따르면 나는 총 80번 정도 환호성을 외쳤다고 한다.

'속으로 외친 것까지 세면 200번도 넘는다고.'

나는 애써 아무렇지 않은 표정으로, 박 조교에게 넌지시 말했다.

"이런 세상에 살아서 행복하겠군!"

그 말에 박 조교는 그야말로 어이없다는 표정을 지었지만 말이다.

나는 수업을 하는 강의실로 가기 위해 또 한 번 자동문을 탔다. 박 조교는 그 문을 엘리베이터라고 불렀다. 내가 엘리베이터에 올라타니 나와 함께 엘리베이터를 탄 학생들이 나를 향해 꾸벅 인사를 했다. 그러자 나는 입꼬리가 올라가는 것을 감출 수 없었다. 나는 인자한 미소를 지으며 학생들의 인사를 받아 주었다.

'하하. 이곳에서도 나는 존경을 받는 교수인가 보군. 역시 난 교수를

하기 위해 태어난 사람이야.'

엘리베이터에서 내리고 나서는 슬쩍슬쩍 주변을 훑어보았다. 강의실로 향하는 복도, 화장실, 각 교실의 천장에는 전등이라는 것이 달려 있었다. 전등은 시종일관 환한 빛을 내고 있었다. 이 모든 것이 '전기의 발명'으로 가능해진 것 같았다.

'흠. 앞으로 이 미래에 대해 공부할 것이 많을 것 같군.'

이런저런 생각을 하며 강의실로 들어서니 자리에 앉아 있는 학생들이 소리 높여 인사를 했다.

"교수님. 안녕하세요!"

나는 인사를 하고 칠판을 보았다. 칠판에는 〈적정 기술 이론〉이라고

적혀 있었다.

'적정 기술? 이건 뭐지? 새로운 과학 기술인가?'

나의 고민이 얼굴에 나타났는지, 학생들이 나를 유심히 쳐다보았다. 일단 오늘만 견뎌 보자는 생각으로 입을 열었다.

"오늘은 어떤 수업을 하기로 했죠?"

그러자 한 학생이 손을 들어 대답했다.

"아프리카에서 사용하는 태양광 랜턴의 발전 단계에 대해 알아보기로 했습니다."

'호오. 그렇군.'

그제야 실실 웃음이 새어 나왔다. 말꼬리를 잡고 질문하다 보면 수

업을 버틸 수 있겠다는 생각이 들었다.

"태양광 랜턴이 뭔지 말해 볼 사람?"

수업은 내 계획대로 착착 진행되었다. 학생들이 내가 원하는 답을 술술 말해 준 것이다.

"전기를 쓰기 어려운 아프리카 지역에서 사용할 수 있는 랜턴입니다. 태양광 충전판을 이용해 햇빛이 있을 때 충전하고 어두운 저녁에 쓰는 방식입니다."

그런데 학생의 대답을 듣자 궁금한 것들이 더 많아졌다.

"이 강의실만 해도 전기불이 환하게 들어와 있고 도시 어디를 가도 전기를 자유롭게 쓰고 있던데요. 그런데 왜 아프리카에서는 전기를 쓰지 못하는 거죠?"

내 질문을 들은 학생들은 웅성거렸다. 내가 진짜 몰라서 묻는 것인지, 아니면 시험하기 위해 묻는 것이지 헷갈렸기 때문이다. 학생들은 머뭇거리며 대답했다.

"아프리카는 가난한데다가 지역 특성 등으로 아직 기술이 발전하지 못해서 그렇습니다."

"아니, 그럼 아프리카에는 지하철이 없나요? 그 편한 엘리베이터도 없고?"

나는 탄식을 내뱉었다. 나도 편견이 없지는 않지만, 기술만큼은 모두에게 평등해야 한다고 생각한다. 그런데 이렇게나 기술이 발전했어도 아직 전기를 못 쓰는 나라가 있다니!

그때 학생들이 또다시 웅성거렸다. 교수인 내가 정말 몰라서 묻는 것처럼 보였기 때문이다. 그러다 한 학생이 용기 내어 손을 들었다.

"교수님. 그래서 저희가 지금 적정 기술을 배우고 있는 것이 아닌가요?"

나는 속이 좋지 않다는 핑계로 휴강을 선언하고 서둘러 교수실로 돌아왔다.

"적정 기술이라……."

그런 나를 박 조교는 걱정스러운 눈빛으로 바라보았다. 아침에는 세상의 모든 것이 신기하고 뛰어나다며 환호성을 지르던 내가 지금은 엄청나게 인상을 쓰고 있으니, 무슨 일이라도 생겼나 싶어 신경 쓰이는 모양이다.

"교수님. 제가 도와 드릴 거라도……."

나는 고개를 끄덕이며 내 책상 위에 있는 접이식 기계를 가리켰다.

"이것을 사용하는 법을 좀 가르쳐 주게나."

"네? 이거라뇨?"

"이 기계 말이네."

"노트북 컴퓨터를 말씀하시는 건가요?"

나는 고개를 끄덕였다. 아까 강의실에서도 이 컴퓨터로 학생들이 적정 기술에 대해 공부하고 있었다. 이 기계를 다루다 보면 적정 기술에 대한 실마리를 알 수 있을 것이다.

"교수님. 오늘 정말 이상하시네요……."

박 조교는 고개를 절레절레 흔들며 나에게 '컴퓨터'의 사용법을 알려 주었다.

나는 그 자리에서 컴퓨터의 원리와 작동 방법을 속성으로 배웠다. 그러고 나서 박 조교 말로는 '무엇이든 알고 있다'는 인터넷의 검색창에 '적정 기술'이라고 쳐 보았다.

'적정 기술'이란 그 기술이 사용되는 사회 공동체의 정치적, 문화적, 환경적 조건을 고려해 해당 지역에서 지속적인 생산과 소비가 가능하도록 만들어진 기술이다. 인간 삶의 질을 궁극적으로 향상시킬 수 있는 기술을 말한다.

'사회 공동체의 정치적 조건? 지속적인 생산? 인간의 삶 향상?'

내 두뇌가 한국어를 완벽하게 이해한다고 생각했는데, 몇 번을 읽어도 뜻을 제대로 알 수가 없었다. 결국 나는 적정 기술에 대해 좀 더 알아보기 위해 자료를 찾았다. 인터넷 창에서 열심히 타자를 쳐 보니 적정 기술에 대해 조금은 알 수 있었다.

적정 기술은 좁혀지지 않는 빈부 격차를 줄이고자 개발도상국을 고려하여 만들어졌다는 것, 빈곤 문제만이 아니라 환경 문제를 위해서도 중요하다는 것, 현대는 물론 미래를 향해 나갈수록 우리 모두를 위한 기술이라는 것 등이다.

'내가 없던 몇백 년의 세월 동안 기술은 엄청나게 발전했어도 빈곤의 격차는 줄어들지 않았네. 아니, 오히려 더 커지고 말았군. 환경도 매우 파괴되었고 말이야.'

기술의 빈부 격차가 심해졌다는 사실에 씁쓸하면서도 한편으로는 자랑스러웠다. 그것을 가만히 지켜만 보는 것이 아니라 나서서 해결하려는 움직임이 바로 적정 기술이다. 그것을 2018년의 나, 김이삭 박사가 연구하고 가르치기 때문이다.

"박 조교. 자네, 아프리카 아이들이 적정 기술을 활용한 큐드럼을 달고 물을 운반하는 걸 알고 있나?"

별빛 카페

"네. 그러니까 제가 교수님의 조교죠."

나는 만족스러운 미소를 지으며 고개를 끄덕였다. 박 조교는 씩 마주 웃으며 말했다.

"그런데요. 교수님. 저희 퇴근 안 하나요?"

어느새 바깥은 어둑어둑해져 있었다. 기술의 발전은 어둠 속에서도 빛났다. 화려한 네온사인이 거리를 밝혔고 도로 곳곳에서 음악 소리가 흘러나와 사람들의 귀를 즐겁게 해 주었다. 나는 차를 탄 채 그 풍경을 바라보았다.

차가 잠시 횡단보도 앞에 멈춰 섰는데, 한 남자가 의자에 달린 두 바퀴를 굴리며 횡단보도를 건너고 있었다. 그러다가 횡단보도의 끝자락에 바퀴가 걸려 인도 위로 겨우겨우 올라갔다.

"저 사람이 타고 있는 게 뭐지?"

"휠체어를 말씀하시는 건가요?"

"어. 그래, 그래. 휠체어. 근데 왜 저렇게 인도로 올라가지 못하고 있는 거지?"

"아, 그건 보도 포장이 잘되어 있지 않아서예요. 장애인이 다니기에는 도로에 턱이 무척 많이 있지요."

충격적인 장면은 여기서 그치지 않았다. 추운 겨울날인데도, 서울역 주변에는 많은 사람들이 모여 있었다.

"아니, 저 사람들이 설마 저기서 자려고 하는 건가? 날이 이렇게 추운데."

"노숙자들이 서울역에서 자는 게 어디 하루 이틀 일인가요."

나는 적정 기술의 기능에 대해 곱씹어 보았다.

'사람 간의 격차를 줄이는 것.'

굳이 아프리카까지 가지 않더라도, 우리 안에서 적정 기술이 할 수 있는 역할은 많아 보였다. 어느덧 차는 집 앞까지 도착했다. 나는 차에서 내리기 전에 박 조교에게 인사를 하며 한마디를 보탰다.

"박 조교. 그거 아나? 적정 기술의 다른 이름이 '따뜻한 기술'이라는 거?"

박 조교는 미소를 지으며 고개를 끄덕였다. 나는 집으로 들어와 적정 기술과 관련된 책들이 가득한 방을 둘러보았다. 가슴이 뜨거워지는 것 같았다.

'적정 기술! 내가 파헤쳐 주겠어!'

내가 살던 1600년대에 꿈꾸던 더 '괜찮은 세상'을 만드는 방법이 이 사회에 있었다. 이 세상에는 따뜻한 기술이 필요한 것 같다.

내가 누구던가? 과학혁명을 상징하는 인물이 아니던가! 어쩌면 내가 2018년도에 눈을 뜬 것은 그런 이유 때문인지도 모른다. 나는 책상에 앉아 적정 기술 공부를 시작했다. 밤을 새서라도 아니 평생을 바쳐서라도 적정 기술의 발전을 이루겠다는 열정이 피어올랐다.

따뜻한 과학,
적정 기술은 무엇일까?

인간의 생활을 편리하게 해 주는 '기술'

만일 급한 일이 생겨서 먼 곳에 있는 엄마에게 연락하고 싶으면 어떻게 하지? 우리가 밖에 있다면 휴대 전화로 전화하거나 메시지를 보낼 거야. 휴대 전화가 없다면 집에 있는 전화기로 연락하겠지. 그렇다면 전화가 없던 시절에는 어땠을까?

과거에는 멀리 있는 사람에게 소식을 전하려면 여행을 떠나는 사람이나 곳곳을 떠도는 장사꾼에게 편지를 전해 달라고 부

탁했어. 혹은 말을 타고 소식을 전하는 파발 제도를 이용했지.

물론 지금처럼 연락이 빨리 닿지는 않았어. 빠르면 보름, 늦게는 몇 개월도 더 걸려 소식이 전달되었지. 전달이 안 되는 일도 많았어. 그때에 비하면 우리 삶이 얼마나 편해졌는지 몰라. 기술의 발전으로 얻은 혜택을 알 수 있는 작은 예야.

인간은 사자보다 이빨도 단단하지 않고 카멜레온처럼 보호색을 띠는 능력도 없어. 하지만 그 어떤 동물들보다 더 넓은 세상을 영유하지. 왜일까? 바로 동물을 사냥하고 농작물을 재배하는 도구를 발명했기 때문이야. 삶의 질이 나아질수록 인간들은 더 잘 살고 싶어졌어. 그래서 더 많은 도구를 개발했지.

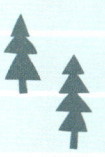

'도구를 더 편리하고 안전하게 사용하려면 어떻게 해야 할까?'

인간의 거듭된 고민은 기술 발전으로 이어졌어. 그리고 지금은 과거에는 상상도 할 수 없는 일이 현실이 되고 있어.

추운 겨울이면 꽁꽁 언 손을 녹이며 찬물로 빨래하는 시대는 지나갔어. 이제는 계절에 상관없이 언제든 세탁기가 빨래를 해 주지. 집을 깨끗하게 하기 위해 청소기를 돌리고 말이야. 아파

도 참을 필요가 없어. 병원에 가서 치료를 받으면 되니까.

어디 그뿐이야? 궁금한 것이 있으면 인터넷에서 정보들을 손쉽게 얻을 수 있지. 곧 직접 운전하지 않아도 스스로 움직이는 자동차가 나올 거야.

인간은 더 나은 내일을 위해 기술을 계속 발전시킬 거야. 아마 미래에는 우리가 지금 꿈꾸는 것들이 실제로 이루어지겠지?

그런데 기술은 모두에게 평등하지 않다고?!

사람들은 기술의 발전이 세상을 더 낫게 만들 거라 믿었어. 실제로 눈부신 성과를 거두었지. 사람들은 많은 것을 누리며

더욱 편리하게 살 수 있게 되었으니 말이야.

인간의 손을 대신하는 기계가 있어 대량 생산이 가능해졌어. 인류는 풍요로운 세상을 맞이했지. 또한 교통과 통신이 발전하면서 농촌과 도시의 벽을 허물었고 문화는 더 빠르게 전파되었어. 이로 인해 전 세계는 하나로 연결되었지.

기술의 발전을 경험한 사람들은 교육이 얼마나 중요한지 알게 되었어. 사람들은 좋은 교육을 받기 위해 노력하며 자유와 평등 의식을 이끌었어. 귀족과 평민, 천민으로 나뉘던 계급 사회가 무너지고 모두 평등한 세상을 만들게 된 거야.

==모든 사람이 평등하고 기술이 진일보한 지금, 과연 이 세상의 사람들은 전부 행복할까?==

세계 인구를 실시간으로 측정하는 기관에 따르면 2016년 전 세계 인구는 약 74억 명이야. 그중에서 10억 명이 절대 빈곤으로 살아가고 있어. 절대 빈곤은 하루 1.25달러, 우리나라 돈으로는 1500원 정도로 사는 것을 의미해. 한 달에 대략 45,000원으로 사는 거지. 그중의 30% 정도는 어린아이야.

아직도 전 세계 15세 이상 성인 7억 8천만 명은 읽거나 쓰지 못해. 그중 3분의 2는 여성이야. 세상에는 수많은 약이 나왔지만 매년 개발도상국 아이들 750만 명이 5세 이전에 사망해.

이 세상의 사람들은 모두 평등하다고 외쳤지만 기술의 혜택은 모두 평등하게 받지 않았던 거야. 사람들은 이것을 '풍요로움 속의 가난함'이라고 해.

겉보기에는 수많은 물건들이 대량으로 쏟아져 나와 풍요로운 것처럼 보이지만 잘사는 사람은 적은 수에 불과해. 기술의

발전이 많은 일자리를 앗아갔기 때문이야. 과거에는 사람의 손을 거쳐야 했던 것들을 기계가 맡게 되었으니까.

기계를 살 수 있고 투자할 수 있는 자본가는 계속해서 돈을 벌지만, 노동자는 적은 돈을 받고 많은 일을 해야 해. 부유한 사람들이 아무래도 교육에 더 투자할 수 있겠지? 노동자는 하루 먹고 살기 바쁘니 말이야. 그러다 보니 교육을 더 받은 부자가 돈을 더 잘 버는 구조가 되었어.

게다가 ==기술은 전 세계로 고루 퍼져 나가지 못했어.== 지리적 특성, 그 나라의 정치 체계, 식민지 역사, 자연 환경 등의 이유로 기술은 특정 나라의 특정 사람들 위주로 누리게 된 거지.

세상이 발전해도 왜 가난은 사라지지 않는 거지?

기술의 혜택이 왜 공평하게 분배되지 않는 걸까? 그리고 왜 가난은 사라지지 않는 걸까? 전 세계에서 절대 빈곤층이 가장 많은 아프리카의 예로 자세히 알아보자.

　아프리카 대륙은 전 세계 육지의 약 20%를 차지해. 이 넓은 대륙에는 풍부한 천연자원들이 숨어 있지. 석유, 금, 다이아몬드, 우라늄 같은 것들이 말이야. 값비싼 자원을 많이 갖고 있으면서도 아프리카의 사람들은 왜 가난한 걸까?

　땅이 넓은 아프리카에는 여러 부족이 살고 있어. 나라가 발전하려면 적합한 정책을 세워서 개발해야 해. 그런데 아프리카는 오랫동안 부족 단위로 살아와서 하나로 뭉치기가 쉽지 않았어. 이런 상태에서 기술이 발전한 유럽 사람들의 침략을 당해 식민지가 된 거야.

　유럽 사람들은 아프리카의 자원들을 모두 자기 나라로 가져갔어. 그리고 많은 원주민들을 죽였지. 아프리카의 콩고 지역을 점령한 벨기에는 2천만 명의 원주민을 죽이고 고무 같은 천연자원을 가져갔어. 아프리카는 이후 식민지에서 벗어나 독립했지만 다른 나라보다 경제 발전이 늦어졌어.

　아프리카는 전염병으로 죽는 사람이 가장 많은 대륙이기도 해. 경제 발전이 더디다 보니 질병을 관리하기에는 역부족이기

때문이야. 모기에 물려 감염되는 말라리아, 에이즈, 설사병 등으로 인해 연간 5백만 명이 죽어가고 있어.

아픈 사람들은 일을 하지 못하니까 생산성도 떨어지겠지? 문제는 문제를 낳고, 해결되지 않은 채 쌓여만 가고 있어. 이미 다른 나라에서 행하는 기술을 도입할 형편이 못되는 거지. 그래서 아프리카의 많은 사람들이 가난에서 벗어나지 못하고 있어.

아프리카를 비롯한 여러 개발도상국들은 지금 비슷한 상황들이야. 어느 곳은 문명이 발달해 있고 다른 어느 곳은 아직도 원시 문화에 머물러 있지.

적정 기술이란 무엇일까?

사람은 나라, 인종, 민족을 떠나 누구나 행복할 권리가 있어. 매일 같이 행복할 수 있다면 정말 좋겠지만 그러려면 현실적으로 해결해야 할 문제들이 있어.

만약 가난, 장애, 나이 같은 문제로 행복하지 못하다면 어떨

까? 실제로 많은 사람들이 이 같은 이유로 힘들게 살고 있어.

'사람의 편리를 위해 만든 기술이 모두의 행복을 위해 쓰인다면 어떨까?'

적정 기술은 이 같은 생각에서 태어났어. 적정 기술이란 지역 공동체의 문화, 정치, 환경적인 면을 고려해서 해당 지역에서 생산과 소비를 할 수 있도록 만든 기술을 말해. 쉽게 말하면 쓰는 사람에게 여러모로 딱 맞는 기술이야. 이 적정 기술은 영국의 경제학자인 에른스트 슈마허로부터 시작되었어.

에른스트 슈마허는 개발되지 않은 나라들과 선진국의 빈부 격차를 어떻게 하면 줄일 수 있을지 고민했어. 그러다 인도의 정신적 스승이라고 불리는 마하트마 간디를 떠올렸지. 간디는 실을 만드는 물레의 손잡이를 돌리며 이렇게 주장했어.

"첨단 기술을 이용하는 선진국에 기댈 것이 아니라 물레로

실을 만들어서라도 인도는 경제적으로 자립해야 한다!"

에른스트 슈마허는 개발도상국이 더욱 발전하기 위해서는 간디의 정신이 필요하다고 생각했어.

우리에게 작은 그릇이 있다고 치자. 작은 그릇에 그릇보다 더 많은 음식을 담으면 음식이 넘치겠지? 이렇듯, 아직 기반이 닦이지 않은 개발도상국에 선진국의 첨단 기술을 도입하면 아마 작은 그릇에 담긴 음식처럼 흘러넘치게 될 거야. 그래서 개발도상국의 상황에 맞게 작은 규모의 기술부터 들여야 한다고 판단했지.

에른스트 슈마허는 자신의 책에 전 세계의 빈부 격차를 해소하려면 '중간 기술'이 도입되어야 한다고 썼어. 그 말이 바뀌어서 오늘날에는 '적정 기술'이라는 용어를 쓰고 있지.

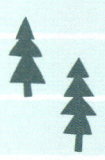

적정 기술은 시대와 상황, 쓰는 사람에 따라서 의미가 조금씩 다르게 해석돼. 그래서 적정 기술이 무엇인지 많이 헷갈릴 거야. 하지만 언제나 공통된 기준은 있는 법! 일반적으로 적정 기술의 조건은 다음과 같아.

- 모든 사람들이 이용할 수 있도록 저렴할 것
- 쉽게 사용하고 수리할 수 있도록 간단하고 단순할 것
- 가능하면 현지 재료와 기술을 활용할 것
- 재생 가능한 에너지 자원을 활용할 것
- 현지 노동력을 활용하여 일자리를 창출할 수 있을 것

이 조건들을 모두 채우지 못해도, 해당 기술을 통해 삶이 나아지고 일자리가 늘어난다면 적정 기술이라 할 수 있어.

혹시 적정 기술은 첨단 기술의 반대말이라고 생각해? 흔히 '적정 기술=개발도상국'으로 오해하기 쉽거든. 하지만 적정 기술은 첨단 기술과 '친구 사이'야. 적정 기술은 우리에게도 꼭 필요한 존재가 되고 있거든.

적정 기술은 선진국에도 있는 소외 계층을 대상으로 꾸준히 발전하고 있어. 고령화 사회에서 노인들을 배려한 기술, 장애인이 사회생활을 더 잘할 수 있도록 도와주는 기술, 노숙자나 빈곤층을 위한 기술 등이 그 예야.

   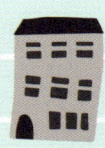  

<mark>적정 기술은 사람을 넘어 지구를 생각해.</mark> 유한한 에너지를 대신할 기술을 찾고 산업 발전으로 파괴된 환경을 지키는 기술을 개발하는 거지. 지구를 보존할 책임이 있는 우리에게 꼭 필요해.

느리게 걸어가는 적정 기술

적정 기술은 누구에게나 바람직한 기술이지만 생각처럼 널리 퍼지지 못했어. 모두 적정 기술이 추구하는 방향이 훌륭하다고 인정했는데도 말이지. 무슨 이유 때문이었을까?

1980년대에 들어서면서 사람들은 적정 기술에 조금 시큰둥해졌어. 적정 기술을 도입하면 개발도상국이 빠르게 발전할 줄 알았는데 눈에 띄는 변화를 일으키지 못했거든. 그러다 작은 기술이 아닌 대규모 공업 시설을 지어서 발전하는 나라가 생겨났어. 그 대표적인 예가 우리 대한민국이야.

6.25 한국전쟁으로 황폐해진 우리나라는 공업 시설을 짓고

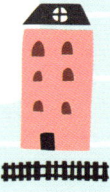

전 국민이 열심히 일해서 경제적, 사회적 문제를 해결했지. 우리나라를 보면서 사람들은 적정 기술이 현실적인 대안이 아니라고 생각하기 시작한 거야. 게다가 적정 기술을 도입한 몇몇 사례가 실패하면서 적정 기술에 대한 관심은 더욱 줄었어.

하지만 모든 사람이 적정 기술을 포기한 것은 아니야. 적정 기술이 바르게 도입된다면 우리가 꿈꾸는 사회를 만들 수 있다는 희망이 있기 때문이야.

==적정 기술은 좋은 의도를 가진 서투른 수선사보다 냉정한 기업가에 의해 개발되어야 성공할 수 있다.==

학자들은 적정 기술에 대해 달리 접근하기로 했어. 기존에 적정 기술이 개발도상국, 소외 계층을 위해 무료로 만들어졌다면 이제는 적정 기술을 이용할 사람들을 고객으로 보고 적절한 가격을 매겨야 한다고 생각한 거야. 가격을 지불하면 그만큼 의욕적으로 사용할 거라고 판단한 거지.

그래서 지금은 빈곤층 소비자들도 살 수 있을 만큼 저렴하고 적절한 디자인을 목표로 삼아 적정 기술이 발전하고 있어.

영국, 독일. 네덜란드 등 선진국들과 수많은 시민 단체들이 개발도상국을 위한 기술 개발과 원조 활동을 하고 있어. 방글라데시, 인도, 라오스 등 개발도상국에 사회적 기업을 세워 그 나라에 맞는 적정 기술을 개발하기도 해. 그렇다면 우리나라는 적정 기술에 얼마만큼 관심을 갖고 있을까?

우리나라는 2000년대 중반부터 적정 기술에 대한 활동이 크게 늘고 있지. 적정 기술 연구소, 대안 기술 센터 등이 생기고 각 대학에도 적정 기술 교육 프로그램을 만들고 있어.

많은 돈이 들지 않고, 누구나 쉽게 배워서 쓸 수 있으며, 그것을 쓰는 사람들의 사정에 맞추는 적정 기술! 더 많은 사람들이 널리 사용하기 위해서는 개발이 계속되어야 하겠지? 그러기 위해서는 미래의 인재인 우리 어린이 친구들의 관심이 꼭 필요해!

들리지 않아도,
말하지 않아도
대화할 수 있어요!

경희가 좋은 이유.
첫째, 나하고 좋아하는 음식이 비슷하다. 다른 여자애들은 징그럽다고 하지만 경희는 나하고 순대도 잘 먹는다.
둘째, 예쁘다.
셋째, 똑똑하다. 내가 못 푸는 문제도 척척 풀어 준다. (고마워!)
넷째, 대화가 정말 잘 통한다. 나랑 대화하려고 만화에 나오는 로봇 이름도 다 외워 준다.

"승진아!"

나는 다섯째 이유를 쓰려던 손을 잠시 멈추고 문 밖에 있는 엄마를 향해 대답했어.

"왜?"

"학원 가야지."

아차차! 경희에게 편지를 쓰느라 시간 가는 줄도 몰랐지 뭐야? 나는 엄마의 목소리가 더 커지기 전에 가방을 둘러맸어.

학원에 도착하자마자 나는 편지를 쓰기 위해 자리에 앉았어. 수업 시간까지 시간이 좀 남아 있었거든. 근데 창열이 녀석이 슬그머니 내 뒤로 와서 편지를 엿보고 있는 게 아니겠어?

"경희가 좋은 이유. 첫째, 나하고 좋아하는 음식이 비슷하다."

나는 서둘러 편지 내용을 손으로 가리며 창열이를 째려봤어.

"야. 누가 읽으래?"

창열이는 대답 대신 혀를 내밀며 토하는 시늉을 했어. 아무래도 저 녀석은 하루에 한 번이라도 나를 놀리지 않으면 입 안에 가시가 돋는 모양이야.

아이고! 내 소개가 늦었지? 내 이름은 박승진이야. 초등학교 4학년 치고는 키가 커서 가끔 6학년이냐고 오해받기도 해. 엄마가 보기에는 내가 우리 반에서 가장 잘 생겼대. 히히. 창열이는 절대로 인정하지 않겠지만 말이야. 공부는… 음. 그 이야기는 넘어가도록 하자.

아마 이미 알겠지만 내 여자 친구의 이름은 경희야. 성까지 붙이면 '배. 경. 희.'

정말 예쁜 이름이지?

나라고 해서 이런 편지를 쓰는 일이 쉬운 건 아니야. 나도 쑥스러운 걸 아는 남자라고. 에헴! 하지만 경희가 일주일에 한 번은 꼭 편지를 써 달라고 하는데 어쩌겠어? 귀찮긴 하지만 경희가 해 달라면 해 줘야지, 뭐.

창열이가 내 편지를 훔쳐본 후에 슬쩍 물어봤어.

"근데 정말 예뻐?"

나는 흐뭇한 미소를 지으며 고개를 끄덕였지.

"그럼. 누구 여자 친구님이신데."

"네 여자 친구니까 의심하는 거지."

"이게 진짜!"

나는 일어나서 창열이를 향해 분노의 주먹을 휘두를 수밖에 없었어. 창열이는 킥킥 웃으면서 몸을 피했지.

"오늘도 두 사람이 가장 떠드네."

선생님이 교실로 들어오면서 나랑 창열이를 보며 한마디 하셨어. 나는 조용히 내 자리로 가서 앉았지. 매일 시비는 창열이가 거는데 혼나는 건 함께라니 억울하지 뭐야. 근데 창열이는 아직 혼이 덜 났는지 선생님의 시선을 피해 고개를 숙인 채 말했어.

"이번 네 생일에 여자 친구를 볼 수 있는 거지?"

"그럼. 당연하지."

나는 대답하고는 한숨을 얕게 내쉬었어. 대답은 당당하게 했지만, 아마도 경희는 내 생일에 오지 않을 것 같아. 얼마 전에 이런 일이 있었거든.

삼일 전이었어. 나는 생일 초대 카드를 만들고 있었지. 엄마는 내 모습을 보더니 고개를 갸웃하며 물었어.

"친구들한테 생일 초대 문자 메시지를 보냈다고 하지 않았어?"

"아. 이 카드는 경희 주려고."

엄마는 그제야 이해가 된다는 표정을 짓더니 "예쁘게 만들렴."하고 부엌으로 갔어.

몇 분이 지났을까. 꽤 오랫동안 씨름한 끝에 생일 초대 카드가 완성되었어. 손재주는 부족하지만 정성이 가득 들어간 카드였지. 나는 카드를 열어서 내용을 확인했어.

'경희야. 내 생일파티에 와 줄래? 꼭 내 옆자리에 앉아 줘.'

경희가 카드를 읽을 걸 생각하니 내 입에서는 웃음이 비실비실 새어 나왔어. 하지만 얼마 뒤 그 웃음은 쏙 들어가고 말았지. 경희가 카드를 받자마자 단박에 오지 않겠다고 했거든.

"도대체 왜 안 오겠다는 거야?"

경희는 손을 빠르게 움직여 내 말에 대답했어.

'내가 네 생일에 가면 나도 불편하고 네 친구들도 불편할 거야.'

경희가 왜 손을 움직여서 대화를 하냐고? 그건 경희가 청각 장애인이기 때문이야. 나랑 경희는 보통 수화로 대화해. 나는 청각 장애인 삼촌과 같이 살기 때문에 수화를 잘하거든.

경희가 친구들을 불편하게 생각할 수도 있다는 걸 아예 몰랐던 건 아니야. 내가 그렇게 바보는 아니라고! 하지만 경희는 사람들이 말하는 입 모양을 읽고, 정확하진 않지만 발음도 할 수 있어. 그래서 천천히 말하면 큰 문제가 없다고.

그런데도 경희는 오기 싫은가 봐. 그래도 1년에 딱 한 번뿐인 남자 친구 생일인데…. 한 번쯤은 용기를 내 줄 수 있지 않나.

나는 서운한 빛을 감추지 못하고 집으로 돌아와 버렸어.

집에 오자마자 나는 엄마에게 물었어.

"엄마. 삼촌 들어왔어?"

"응. 저녁 먹고 지금 방에 계셔."

난 서둘러 삼촌에게 달려갔어. 지금 내 고민을 털어놓을 가장 적절한 상대일 테니까 말이야.

방문을 벌컥 열고서 나는 책을 읽고 있는 삼촌에게 다가갔어. 그러고는 빠르게 손을 움직이며 말했어.

"경희가 내 생일에 오지 않겠대. 나 정말 서운해. 나는 매주 편지도 써 줬는데 생일에 오지 않겠다니. 이제 어떻게 하면 좋아?"

삼촌은 나에게 진정하라며 침대에 앉혔어. 그리고 눈을 마주친 후에 천천히 손으로 대화를 시작했어.

'자, 이제 이야기해 봐. 무슨 일이야?'

"내가 경희를 생일에 초대했거든. 그런데 경희가 오지 않겠대."

'경희가 네 친구들이랑 어울리는 건 불편할 수 있어. 그건 너도 잘 알잖아.'

나는 고개를 끄덕이며 대답했어.

"하지만 경희는 입 모양을 읽고 대화할 수 있잖아. 대충 말도 하고 말이야."

그러자 삼촌은 고개를 저었지.

'너는 삼촌이 청각 장애인이라서 다른 사람보다 그런 방식의 대화를 더 잘 이해할 거야. 하지만 생각해 봐. 경희의 부정확한 발음을 친구들이 모두 이해할 수 있을까? 경희도 잘 이해하지 못하는 상대방을 보며 얼마나 답답하겠어?'

나는 점점 얼굴이 빨개졌어. 평소에 나는 경희와 이야기하는 것이 하나도 어렵지 않았어. 그래서 거기까지는 생각하지 못했거든. 혹시라도 경희가 창피를 당할 수 있다고 생각하니, 나만 생각한 것 같아 너무 부끄러워졌어.

"경희가 얼마나 멋진 아이인데…… 내 친구들도 꼭 알았으면 좋겠단 말이야."

'방법이 아주 없는 건 아니야. 앞으로는 더 많아질 거고 말이야.'

나는 해결책이 있다는 삼촌의 말에 눈을 동그랗게 떴어. 역시 삼촌은 해답을 알려 줄 줄 알았다니까! 난 삼촌만큼 똑똑한 사람을 본 적이 없거든.

'내일 연구실에 놀러 오면 한 번 보여 줄게.'

삼촌은 믿음직스러운 웃음을 지었어. 나는 내일이 지금 당장 왔으면 좋겠다는 생각이 들었어.

나는 아침이 밝자마자 밥을 후다닥 먹고서 삼촌의 적정 기술 연구실로 향했어. 삼촌의 연구실에는 과학자 형, 누나들도 많이 있었어. 나는 방해하지 않기 위해 조심조심 걸으며 삼촌이 있는 자리로 갔어.

나는 실험하느라 열중한 삼촌의 어깨를 쿡 찔렀어. 그러자 삼촌이 움찔하며 나를 봤지. 나는 어서 내 질문의 해답을 내놓으라는 눈빛으로 삼촌을 쳐다봤어. 삼촌은 신기하게 생긴 물건과 휴대 전화를 탁자 위에 올려놓았어.

"이게 뭐야?"

'이건 청각 장애인과 일반인의 대화를 도울 수 있는 장갑이야.'

"이 장갑으로 대화를 돕는다고?"

내가 영 이해가 안 된다는 표정을 짓자 삼촌은 직접 장갑을 꼈어. 그리고 손으로 대화를 하기 시작했어. 그러자 어떤 일이 벌어졌는 줄 알아? 지화로 한 내용이 그대로 휴대전화의 화면에 문자로 떴어!

〈우리는 대화를 나누고 있다〉

"지금 지화를 문자로 바꾼 거야? 와!"

'이번에는 네가 휴대전화에 말을 해 봐.'

나는 삼촌의 지시에 따라 휴대 전화에 음성 녹음을 했어. 그러자 내가 말한 것이 그대로 휴대 전화의 화면에 문자로 떴어.

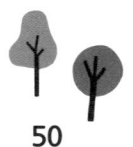

〈나는 삼촌의 잘생긴 조카다.〉

정말이지 엄청난 발명품이지 않아? 지화를 문자로 바꾸어 주면 지화를 전혀 못하는 사람도 청각 장애인의 말을 이해할 수 있어! 그리고 들을 수 없는 청각 장애인도 음성을 인식해 문자로 알려 주니 상대방의 말을 읽게 되잖아! 두 사람이 완벽하게 대화할 수 있는 거라고!

나는 흥분을 가라앉힐 수 없었어. 적정 기술이라는 말은 삼촌한테서 익히 들었지만 이렇게 대단한 물건을 만들어 내는 것이라고는 생각하지 못했거든. 삼촌은 나에게 수화로 장갑에 대해 차근차근 설명해 줬어.

'이 제품이 완벽한 단계에 다다른 건 아니야. 지화의 인식이 아직 부족해. 또 청각 장애인이 한국에만 있는 게 아니니까 전 세계에서 유용하게 쓰이려면 세계의 언어에 맞게 만들어야 해. 헤쳐 나가야 할 장벽이 많지.'

"하지만 지금 이 상태도 너무 놀라운 걸? 적정 기술이 이렇게 훌륭한 건지 몰랐어!"

삼촌은 계속해서 놀라워하는 나의 머리를 쓰다듬었어.

'적정 기술은 장애인에게 한정된 것이 아니야. 모든 이웃을 위한 기술이지.'

"모든 이웃? 아, 나도 배운 적 있어. 가난한 나라 사람들을 위한 거 말이구나?"

'모든 이웃 속에는 더 다양한 사람들이 있지. 물론 그 속에는 나와 너도 있고 말이야.'

삼촌의 손가락은 나를 가리키고 있었어.

"나도 들어간다고?"

'그럼. 적정 기술은 결국 모든 사람을 이롭게 하기 위해 있는 거거든.'

"나한테도 혜택이 온다니 적정 기술이 더 빨리 발전했으면 좋겠다."

연구실 사람들이 내 말을 들었는지 다 같이 웃음을 터뜨렸어. 물론, 삼촌은 더 크게 웃었고 말이야.

"삼촌, 나 이 장갑 빌려 가도 될까?"

내가 왜 빌려 가는지 잘 알고 있는 삼촌은 나를 향해 눈을 찡긋했어.

난 혹여나 망가질까 장갑이 담긴 봉투를 조심히 들고 집으로 돌아왔어.

"이거 경희가 주고 갔는데."

엄마는 나한테 커다란 상자를 건네줬어. 나는 서둘러 방으로 들어가

상자를 열어 보았어.

　상자 안에는 내가 가장 좋아하는 로봇 모양의 케이크가 담겨 있었어. 그리고 카드가 한 장 들어 있었지.

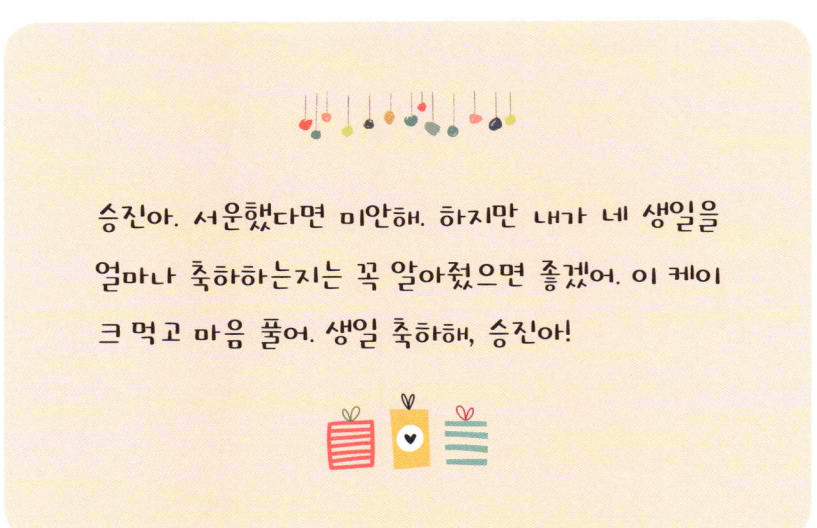

승진아. 서운했다면 미안해. 하지만 내가 네 생일을 얼마나 축하하는지는 꼭 알아줬으면 좋겠어. 이 케이크 먹고 마음 풀어. 생일 축하해, 승진아!

　경희는 어떻게 내 마음을 이렇게 잘 알까? 난 이 케이크를 아까워서 어찌 먹나 싶어서 가만히 쳐다만 보았어. 그런데 아빠가 내 방으로 들어오더니 당장 케이크를 한입 달라는 거 있지?

　"경희랑 같이 나눠 먹을 거야!"

　나는 포크를 들고 오는 아빠를 막느라 애를 먹었어. 가까스로 아빠를 방 밖으로 물리친 후에 경희에게 문자를 보냈어. 나도 모르게 미소가 떠올랐어.

 경희야. 지금 우리 집으로 놀러 오지 않을래. 같이 해 보고 싶은 게 있어.

따뜻한 과학,
적정 기술이 이웃과 만나다

첨단 기술과 적정 기술은 친구 사이라고?

'악당을 물리치고 사람들을 구하기 위해 로봇으로 변하는 스포츠카!'

'늦잠을 잔 날에도 버튼 한 번만 누르면 순간 이동이 되는 시계!'

'숙제를 대신해 주는 컴퓨터!'

사람들에게는 저마다 '꿈의 기술'이 있어. 무엇보다 앞선 기술을 뜻하는 첨단 기술은 이런 꿈의 기술에 가까워.

시대마다 첨단 기술을 보는 기준은 다를 거야. 지금은 하늘

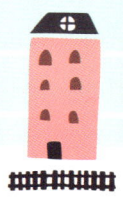 

을 나는 자동차 정도는 되어야 꿈의 기술로 느껴지지. 하지만 영화가 없던 시절에는 화면 안에서 영상이 움직이는 것만으로도 큰 충격이었어.

세계가 놀랐다. 알파고는 지난 3월 한국 프로 기사 이세돌 9단과 5번기 대국을 펼쳤다. 애초 예상을 깼다. 알파고는 최종 스코어 4승 1패로 이세돌 9단을 이기고, 현존하는 최고 바둑 AI로 올라섰다. 인공지능 역사에 새 장을 열었다. 이세돌 9단은 "인간적인 바둑을 두는데 인간과 붙는 느낌이 아니었다"고 소감을 말했다.

- 2016년, 12월 뉴스에서 -

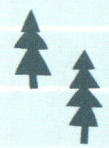

2016년 바둑 최강자인 이세돌 9단을 꺾어 주목 받은 알파고는 현대의 대표적인 첨단 기술이야. 알파고는 사람의 말을 알아듣고, 스스로 생각해 공부하는 인공지능을 갖고 있어. 2017년에는 PC게임 스타크래프트 챔피언과 대결하는데 더욱 진화된 모습으로 나타나겠지.

그렇다면 모든 사람의 '꿈의 기술'이 변신 로봇이나, 순간 이동을 할 수 있는 시계와 같은 것일까? 누군가에게는 '꿈의 기술'이 그림을 대신 그려 주는 로봇 팔, 태양열로 움직이는 전동 휠체어이지 않을까?

대부분의 과학 기술은 인터넷, 자동차, 로봇, 모바일 등 일상의 편의를 위해 개발되고 있어. 이것은 소수의 편의를 위한 것이지. 여기서 소수의 사람이란 누구일까?

우리는 스스로를 '다수의 보통 사람'이라고 생각할지 몰라. 하지만 세상에는 수많은 사람들이 과학 기술의 혜택을 받지 못하고 있어. 바꿔 말하자면 기술의 혜택을 받는 우리가 '소수의 선택 받은 사람'인 셈이야.

적정 기술은 경제적으로 넉넉하지 못한 사람, 장애가 있는 사람, 소외된 사람이 모두 혜택을 누릴 수 있도록 '적절'하게 맞춘 기술이야. 장애인을 위한 로봇 팔, 물이 부족한 개발도상국을 위한 수질 정화기가 그 예야.

"첨단 기술과 적정 기술은 친구 사이!"

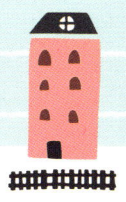

이 말, 기억나? 친구란 그렇잖아. 공통점이 많아 어울리기도 하지만 다른 점도 많아서, 서로 부족한 부분을 채우는 사이지. ==첨단 기술과 적정 기술도 마찬가지야. 비슷한 점이 많으면서도 다른 부분이 있는 이 두 기술은 서로 도우며 발전하고 있어.==

적정 기술은 첨단 기술과 달리 자연을 그대로 이용하기도 하지만 첨단 기술을 응용해 더 뛰어난 물건을 만들기도 하거든. 무엇보다 두 기술의 궁극적인 목적은 과학 기술이 모든 사람에게 널리 이용되었으면 한다는 것이야.

우리의 기술이 모든 사람들을 위해 적절하게 활용될 수 있다면 더 좋은 세상이 되지 않을까? 적정 기술은 바로 그런 이유로 존재하는 거야.

장애를 극복하게 돕고 저렴하게 이용할 수 있는 기술

우리나라에 등록된 장애인은 2016년 기준으로 250만 명이야. 등록하지 않은 장애인까지 포함하면 270만 명 정도로 예상

돼. 이것은 일곱 가구 중 한 가구는 장애인이 있다는 뜻이야. 전 세계로 따진다면 그 수는 상상할 수 없을 만큼 많겠지?

걷지 못하는 사람을 위한 전동 휠체어, 앞을 볼 수 없는 사람들을 위해 책을 읽어 주는 컴퓨터 같이 장애인을 위한 기술도 있어. 하지만 그것이 첨단 기술일수록 값은 비싸. 그렇다 보니 그 기술의 혜택을 누리는 사람도 많지 않지. 또한 장애인의 입장에서 만들지 않아 도리어 불편한 기술도 있어.

장애인 가운데 태어날 때부터 장애가 있는 사람은 10%야. 나머지 90%는 자라면서 사건, 사고로 인해 장애인이 된 것이지. 다시 말해 우리도 장애가 생길 가능성이 있다는 말이야. 그럼에도 아직까지 장애인을 위한 기술에 관심이 부족한 상황이야.

적정 기술은 이 부족한 관심 속에서도 장애인들을 위해 조금씩 싹을 틔우고 있어.

"장애의 한계를 극복하고 적당한 가격에 살 수 있는 기술."

이 조건에 맞는 적정 기술로 무엇이 있는지 알아보자.

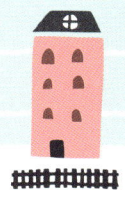

안구마우스

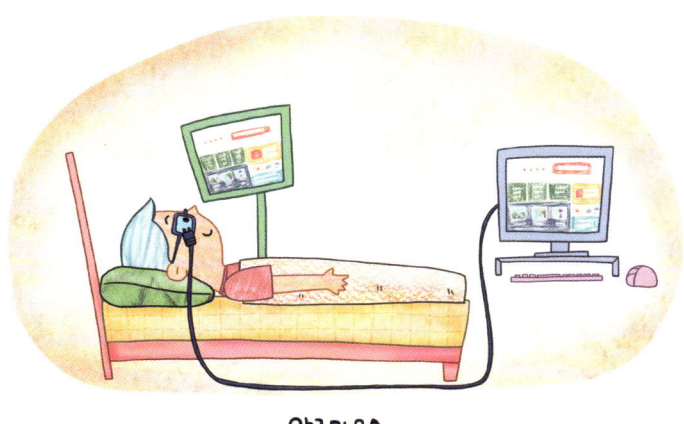

안구마우스

몸을 자유롭게 움직일 수 없는 중증 장애인들은 다른 사람들과 소통하기가 어려워. 말할 때 발음이 부정확하고, 통신으로 의사를 전달하고 싶어도 키보드나 버튼을 누르기가 힘들거든. 안구마우스는 누워서 생활하는 중증 장애인의 소통을 돕기 위해 개발되었어. 장애인이 컴퓨터 화면을 보고 누운 상태에서 눈동자를 움직이면, 그 움직임에 따라 마우스 화살표가 이동해. 눈을 깜빡이면 원하는 글자를 누르고 전송시킬 수 있지.

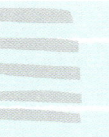

안구마우스를 통해 중증 장애인은 인터넷을 하고 글자를 눌러 채팅도 할 수 있어.

하지만 안구마우스는 큰 약점이 있었어. 가격이 천만 원이 넘거든. 그래서 쓸 수 있는 장애인은 극소수에 불과했지.

==‘안구마우스의 가격을 낮출 수 있는 방법이 없을까?’==

그러던 2011년, 우리나라 기업 삼성전자의 창의개발연구소에서 오만 원도 안 되는 재료비로 안구마우스를 개발해냈어. 이 안구마우스는 눈동자의 움직임만으로 컴퓨터 자판 입력, 글을 복사하고 붙여넣기, 화면 확대 등 총 18가지 명령을 수행해.

이 제품이 더욱 의미 있는 건 많은 기관들의 재능 기부로 만들어졌다는 점이야. 삼성전자를 중심으로, 국내의 공학 서비스 기관들이 하나둘 힘을 보탰지. 이들은 장애인과 가족, 장애인 도우미의 의견을 수렴했어. 중증 장애인이 쓰기 편하고, 누구나 살 수 있을 만큼 저렴하게 만들기 위해 애썼지.

모든 사람이 기술을 누릴 수 있도록 애쓰는 과학자의 윤리적인 자세가 안구마우스를 더욱 유용하게 만든 거야. 현재는 환

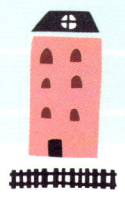

자의 사용 환경이나 장애 유형 등을 고려해 업그레이드된 제품을 개발하고 있다고 해. 더욱 많은 장애인이 쉽게 쓰는 날이 올 거라 기대해.

러프라이더

휠체어는 장애를 가진 사람들이 이동하기 위해 가장 흔하게 쓰는 도구야. 장애인에게 두 다리가 되어 주기 때문에 무엇보다도 안전하고 빠르게 움직일 수 있어야 해.

러프라이더

개발도상국에는 포장되지 않아 울퉁불퉁한 도로가 많아. 선진국도 예외는 아니야. 우리나라만 해도 시골에 가면 바닥이 울퉁불퉁하잖아. 만약 그런 곳에 휠체어를 타고 갔다면 고장 나기가 쉽겠지? 앞으로 나아가기도 어렵고 말이야. 혹여 고장이 나면 장애인이 다칠 우려가

있어. 그런 곳에서는 휠체어가 무용지물이 되고 마는 거야. ==러프라이더는 사용자의 환경을 고려해 포장이 잘되지 않은 도로, 자전거나 휠체어가 잘 오르내릴 수 있는 비탈길이 없는 곳, 진흙길 등을 쉽게 다닐 수 있게 만들어진 휠체어야.== 더 좋은 점은 수많은 장점이 있음에도 다른 휠체어보다 절반의 가격을 자랑한다는 거지.

러프라이더를 제작하는 회사, 휠윈드는 여기에 그치지 않고 국제 네트워크를 만들고 있어. 러프라이더가 필요한 사람이 쉽게 찾고, 수리하고, 또 그 휠체어를 팔아 지역 경제가 발전했으면 하는 마음에서야. 장애인을 위한 기술이 우리의 경제에도 좋은 영향을 미친다면 그건 곧 우리 모두를 위한 기술이겠지?

'별거 아닌 기술'에서 '별거 있는 기술'로!

선진국에는 발전된 기술에 상응하는 문화가 갖춰져 있어. 기술이 빠르게 발전하면 사람들도 발맞춰서 사용법을 배우지. 휴

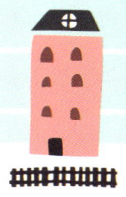 

대 전화만 해도 예전에는 기계식 버튼을 눌렀지만 불과 몇 년 사이에 화면을 터치해서 조작하고 음성 인식까지 되잖아? 사람들은 큰 불편 없이 달라진 기계를 쓰고 있고 말이야.

물론 나름의 위험 요소는 있어. 기술의 부작용으로 휴대 전화가 폭파하는 일도 생기고, 원전 누출 사고도 일어났어. 하지만 선진국일수록 이에 대응하는 방식이 이미 마련되어 있어. 관리, 감독하는 사람도 많고 말이야.

개발도상국의 경우 첨단 기술을 받아들일 마음의 여유가 없어. 먹고살기 바쁜데 스마트폰이 무슨 소용이겠어? 이것을 배급하고 관리할 사람도 부족하지. 그래서 개발도상국 사람들의 눈높이에 맞게, 나라의 상태에 맞게 한 기술이 적정 기술이야.

개발도상국에서 널리 쓰이는 적정 기술 중에는 선진국에서는 이미 자취를 감춘 것들이 있어. ==더 발전된 모델이 나왔거나 지금 시대에는 쓸모가 없어 '별거 아닌 기술'이라고 치부해 버린 기술들이지. 하지만 그 별거 아닌 기술이 개발도상국에서는 '별거 있는 기술'이 되어 쓰이고 있어.==

항아리 냉장고

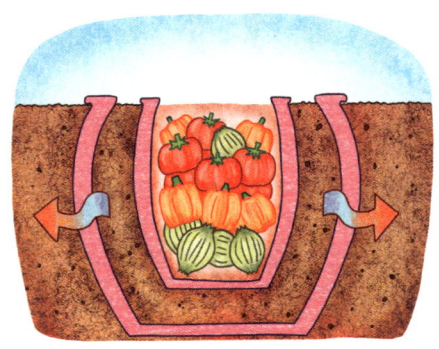
항아리 냉장고

　지금도 항아리에 고추장, 된장, 간장을 보관해 먹는 집들이 있어. 우리가 사계절 내내 먹는 김치, 장아찌 등도 항아리에 보관하기도 하지. 전기가 없던 시절에는 오래 두고 먹기 위해 습기가 있는 땅을 파서 항아리를 묻었어. 그러면 상온보다 온도가 낮기 때문에 오래 보관할 수 있었거든. 전기가 널리 사용되면서 지금은 그 역할을 냉장고가 대신하지만 말이야.

　전기를 마음껏 쓸 수 없는 개발도상국에서는 음식 보관도 쉽지 않은 일이야. 상한 음식으로 인한 질병도 피할 수 없지. 그

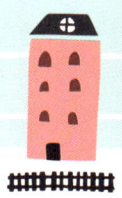

래서 이용되는 적정 기술이 바로 ==항아리 냉장고==야.

항아리 냉장고는 큰 항아리 안에 작은 항아리를 넣고 그 사이에 흙을 채워 넣는 구조야. 그리고 그 흙에 물만 부으면 끝! 너무 쉬워서 이게 무슨 기술인가 싶지?

물에 젖은 흙의 수분이 증발하면서 항아리의 열을 빼앗아 가면 작은 항아리의 내부 온도는 약 2°C 정도 낮아져. 그 안에 음식을 넣으면 더욱 오래 보관할 수 있지. 전기가 부족한 개발도상국에서 냉장고 역할을 하는 셈이야.

토마토나 후추의 경우 상온에 3일을 두면 상해서 상품 가치가 떨어져. 그런데 이 항아리 냉장고에 두면 신선도가 21일까지 지속된다고 해. 간단하고 유용한 기술! 적정 기술로 '딱'이야.

자가발전라디오

비영리 단체인 '월드 리터러시 재단'에 따르면 전 세계에서 글을 읽고, 쓰지 못하는 사람이 7억 9천 6백만 명이 넘는다고 해. 글을 모르는 사람들은 잡지나 신문을 읽을 수 없기 때문에

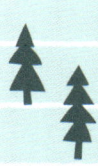

바깥에서 무슨 일이 벌어지는지 알 수 없어. 그들에게는 외부 사회와 단절되지 않기 위해, ==목소리로 소식을 전하는 라디오가 꼭 필요해.==

자가발전 라디오

개발도상국에는 가난 때문에 라디오에 넣을 건전지를 살 돈이 없는 이들도 많아. 이런 문제를 해결하기 위해 발명된 것이 바로 자가발전라디오야. 라디오는 알겠는데 '자가발전'이 뭐냐고? 자가발전 에너지는 인간의 운동 능력을 활용해서 만들어. 페달을 밟거나, 펌프질을 하거나, 뛰어서 에너지를 만드는 거야.

==자가발전라디오==는 손으로 태엽을 돌려 충전하는 발전기, 태양 전지판, 수명이 긴 충전지로 구성되어 있어. 태엽을 돌리는 자가발전으로, 라디오를 작동시키는 에너지를 만들거나, 바람과 태양 에너지를 이용할 수도 있어. 시계 방향으로 약 55회 정도 손잡이를 돌리면 자가발전라디오는 완전히 충전돼. 이 자가발전라디오는 직사광선 아래서, 바람 속에서도 충전이 가능해.

불과 몇십 년 전, 우리나라에서도 자가발전 기술을 이용했어. 지금은 수도꼭지만 틀어도 물이 콸콸 나오지만 예전에는 펌프를 위아래로 열심히 움직여야 땅 아래 있는 물을 위로 끌어올릴 수 있었거든. 지금은 잘 이용하지 않는 이 방식이 개발 도상국에서 빛을 발하게 된 거야.

적정 기술이라고 해서 기술 방식이 꼭 구식일 필요는 없어. 첨단 기술이라도 제작비나 유지비를 최소화하면 그것 역시 적정 기술이 되거든.

라즈베리파이

라즈베리파이는 세계에서 가장 작은 컴퓨터야. 본체가 신용카드만 하지. 이 작은 컴퓨터의 또 다른 특징은 아주 싸다는 거야. 인터넷이 연결되지

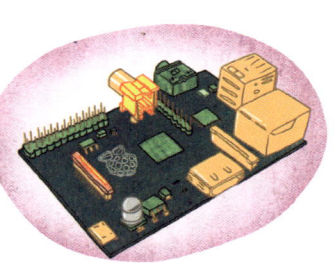
라즈베리파이

않는 모델은 25달러, 인터넷이 연결되는 모델은 35달러인데 우리나라 돈으로 3만 원에서 4만 원 사이야.

라즈베리파이의 좋은 점은 또 있어. 어느 곳에든 응용할 수 있다는 것이야. 프로그래밍에 따라 라즈베리파이와 장난감을 연결하면 움직이는 장난감을 만들 수 있어. 응용하는 프로그래밍은 무척 간단해서 아이들도 어렵지 않게 배울 수 있다고 해.

"다루기 쉽고 저렴하며 어디든 쓰인다. more accessible, more affordable, more adaptable"

라즈베리파이는 첨단 기술을 이용해 제작비를 줄인 적정 기술의 좋은 예야. 제대로 보급된다면, 개발도상국에서 자라나는 아이들도 매일 컴퓨터를 접하는 선진국의 아이들에게 뒤처지지 않게 컴퓨터 교육을 받을 수 있을 거야.

인간의 얼굴을 한 기술, 적정 기술

통계청의 예상에 따르면, 우리나라의 노인 인구는 707만

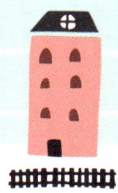  

6000명에서 2058년이면 1854만 9000명으로 늘 거라고 해. 현재 총인구 중 노인 인구가 차지하는 비율이 13.8%야. 만약 통계청의 예상대로 노인의 인구수가 늘어난다면 비중은 42.5%로 높아질 거야. 인구의 반이 노인인 거지.

우리의 삶은 경제적, 지역적, 혹은 신체적 조건에 많은 영향을 받아. 아무래도 젊은 사람에 비해 노인들은 일할 기회가 적고 신체 조건이 떨어지므로 삶의 질이 좋을 수 없을 거야. 실제로 노인 인구의 58%가 빈곤층이라고 해.

노인 빈곤층 말고도 우리 주변에는 어려운 생활을 하는 사람이 생각보다 훨씬 많아. 2016년 기준으로 우리나라의 빈곤율은 16.5%였어. 즉 6명 중 1명은 빈곤층이라는 거지. 편리한 기술들도 그것을 구입할 수 있는 사람들만 누리고 있어. 그렇기 때문에 모든 사람들이 이용하기에 비용 부담이 적도록 기술의 가격을 낮춘 것 또한 적정 기술이라고 할 수 있어.

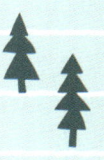   

딜라이트 보청기

보청기가 어떤 기능을 하는지 잘 알고 있지? 청력이 퇴화하거나 약해지면 소리를 잘 듣기 위해 쓰는 장치야.

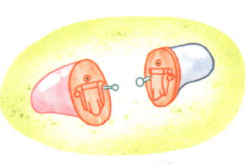
딜라이트 보청기

처음 보청기가 나왔을 때의 가격은 150만 원이 넘었어. 빈곤층이 아니더라도 부담스러운 가격이었지.

딜라이트 보청기는 비싼 가격층이었던 보청기 시장에 30만 원대 제품을 선보였어. 성능은 똑같지만 값이 훨씬 싸서 딜라이트 보청기는 인기를 끌 수밖에 없었지. 게다가 국민건강보험공단에서 노인, 장애 지원까지 받으면 거의 무료로 살 수 있었거든. 그렇다 보니 다른 보청기업체들도 자연스럽게 가격을 내리게 되었어. 그래서 지금은 많은 사람들이 더 수월하게 이용하고 있지. 적정 기술이 모든 사람에게 영향을 끼친 셈이야.

적정 기술이 개발도상국, 장애인, 빈곤층 그리고 우리에게 적절하게, 더욱 널리 퍼진다면 사회는 어떻게 변할까?

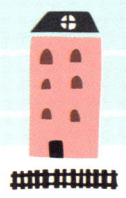

　더 많은 사람들이 적정 기술을 통해 활동 영역을 넓히고 지식을 쌓는다면 사회에서 일할 수 있는 기회를 더 얻게 될 거야. 그러면 자연스럽게 사회의 시선에도 변화가 생기겠지.

　예를 들어 잘 듣지 못하던 사람이 저렴한 보청기를 써서 소리를 듣게 되었다고 해 보자. 자신의 능력을 발휘해 일한다면 '장애를 가진 사람은 제대로 일할 수 없다'는 편견도 없어질 거야. 적정 기술은 이렇듯 특정 기술을 지칭하는 게 아니라 각 상황에 맞춰진 기술이야. 우리 사회에 있는 기술, 그 기술과 우리가 맺는 관계를 점검하는 기회이지.

　적정 기술의 원래 목적에 맞게 쓴다면 선진국과 개발도상국, 사람과 사람 사이 격차도 해결될 수 있어. 인간을 더욱 인간답게 만든다는 점에서 적정 기술은 **'인간의 얼굴을 닮은 기술'**이야.

우리 동네 햇빛 영화관은 아주 특별해!

오늘 나는 아침부터 큰 실수를 하고 말았다. 늦잠을 자고 만 것이다.

"오빠, 나 목말라……."

"로버트, 음식을 만들려면 물이 있어야 하는데."

온 가족이 나를 쳐다보며 '물!'을 외쳤다. 물을 길어 오는 당번인 나는 서둘러 식수를 공급하는 마을로 향했다.

물을 받아서 돌아오는 길에 나는 진저와 릴롱을 만났다.

"너희도 늦잠 잤나?"

두 사람은 대답 대신 고개를 끄덕였다.

"오늘은 뭐하고 놀까?"

"글쎄…… 나무를 깎아서 조각이나 만들까?"

릴롱은 나무 깎기 대장이다. 나무로 못 만드는 것이 없는 릴롱한테는 나무 깎기 놀이가 제일이겠지만 손재주가 없는 나는 영 즐겁지 않다.

"차라리 공이나 차자."

나의 말에 진저는 혀를 내둘렀다.

"공놀이 지겹지도 않니?"

공만 찼다 하면 헛발질을 하는 진저는 아무래도 공놀이에는 관심이 없는 듯하다. 우리는 뭐하고 놀지 이야기하다 어느덧 집에 도착했다.

"그럼 이따 보자!"

공놀이를 하자고 말했지만 나도 썩 구미가 당기지는 않았다. 건기가 시작되었기 때문에 대낮에는 해가 더욱 쨍쨍했다. 게다가 요즘 슬리퍼를 신은 채 축구를 자주 한 탓에 발바닥이 많이 까졌다.

진저와 릴롱을 상대로 몇 골 넣고 나는 공놀이를 그만하자고 했다.

"야. 네가 점수 따고 그만두는 게 어디 있어?"

"이러다 아침에 떠온 물 내가 다 마실까 봐 그래. 그럼 물을 떠오는 내기로 한 판 할까?"

그러자 진저와 릴롱은 바로 공을 내려놓았다. 우리는 터덜터덜 집으로 돌아갔다.

　사실 낮보다는 밤이 더 문제다. 기나긴 밤을 보내는 건 너무 지루하기 때문이다.

　"심심하다. 심심해."

　내가 바닥을 뒹굴며 투정을 부리자 아빠는 나를 힐끗 보며 한소리 했다.

　"그렇게 심심하면 동생이랑 좀 놀아 주던가."

　쳇. 동생이랑 매일 같이 무슨 재미로 놀라는지. 나는 몸을 일으키며 아빠에게 물었다.

　"사실 아빠도 심심하지?"

　　아빠는 과장된 목소리로 부정했다.

　"아빠가 심심할 새가 어디 있어."

　아빠의 말은 거짓말이 분명하다. 다른 때야 열심히 농사를 짓느라 밤이 되면 곯아떨어졌지만 건기는 다르다. 땅이 메말라 농사를 지을 수 없으니 아빠도, 엄마도 할 일이 없어 심심할 것이다.

　나는 아빠를 향해 입을 삐죽거렸다. 다행히 혼은 나지 않았다. 너무 깜깜해 앞을 분간할 수 없어서 아빠가 나를 보지 못했으니까.

　며칠 뒤, 봉사단이 방문했다는 소식을 듣고 나는 진저, 릴롱과 함께 서둘러 달려갔다.

　"이번에도 옷을 주려나?"

　"난 발이 아프지 않은 공을 받았으면 좋겠다."

　"에이. 그런 게 어디 있어?"

　나는 진저의 시큰둥한 반응에 어깨를 으쓱했다. 열댓 명으로 구성된 봉사단은 어른들과 벌써 회의를 하고 있었다. 나는 아빠의 눈에 띄지 않기 위해 슬쩍 옆집 할머니 뒤에 앉았다. 그리고 앞에서 이야기할 때마다 살그머니 고개를 내밀어 엿들었다. 그때 봉사단의 대표가 앞으로 나와 물었다.

"그렇다면 이곳에서 가장 필요한 것은 무엇인가요?"

어른들은 저마다 대답을 늘어놓았다.

"깨끗한 물이 필요합니다. 옆 동네로 매일 식수를 받으러 가는 게 몹시 힘들어요."

"튼튼한 옷이 더 있으면 좋겠어요. 애들이 워낙 빨리 크고 옷을 함부로 입으니까 금방 해지네요."

아빠도 사람들의 말에 한마디를 보탰다.

"영양가 있는 음식도 지원이 될까요? 어른도 어른이지만 성장하는 아이들한테 필요합니다."

여기저기서 아빠의 말에 고개를 끄덕였다. 어른들의 말도 일리가 있지만 단 한 명도 내가 원하는 말을 해 주지 않았다. 어른들은 왜 이렇게 솔직하지 못한 걸까? 어쩔 수 없이 내가 나서야 하는 순간이다.

내가 손을 번쩍 들자 진저와 릴롱이 나를 쳐다봤다. 나를 본 것은 진저와 릴롱만이 아니었다. 장난기 가득한 내 눈빛을 본 아빠의 얼굴에는 불안한 기색이 가득했다. 하지만 나는 개의치 않았다. 봉사단의 대표가 나를 가리켰다.

"거기 뒤에 친구. 뭔가 할 말이 있나요?"

"네. 아프리카에 가장 필요한 게 뭔지 말씀드리려고요."

"좋아요. 말해 보세요. 아프리카에 가장 필요한 게 뭐죠?"

나는 모두 제대로 알아들을 수 있게 또박또박 말했다.

"저희에게는 즐거움이 필요합니다!"

아빠는 네가 언젠가 사고를 칠 줄 알았다는 듯 고개를 저으며 한숨을 푹 내쉬었다. 내 말을 듣고 봉사단 사람들도 웅성거렸다. 너무 예상치 못한 말에 대표도 당황한 얼굴이었다. 나는 다시 손을 들고 말했다.

"낮에는 햇빛이 있지만 밤에는 어둠밖에 없잖아요. 긴 어둠 속에서 우리는 너무 심심하다고요."

봉사단 사람들은 그제야 고개를 끄덕였다. 봉사단원 중 가장 젊어 보이는 사람이 나를 보며 활짝 웃었다. 그리고 의미심장하게 말했다.

"그럼 우리 같이 즐거움을 만들어 볼까요?"

내가 아무래도 큰일을 저지른 것 같다. '즐거움'이란 단어로 시작한 일이 '영화관 건설'로 이어지다니! 물론, 영화관 건설은 좀 거창한 말일지도 모른다. 수업과 회의를 하는 작은 교실을 영화관으로 대체하는 것이니 말이다. 하지만 조용한 우리 동네에서는 큰 사건이다.

봉사단은 나와 진저, 릴롱에게 힘을 보태 달라고 했다. 나는 아이디어를 냈으니 책임질 의무가 있다. 나는 '영화관 만들기 반장'이라는 직책을 받고 어깨가 으쓱했다. 손재주가 좋은 릴룽이 아쉬운지 입맛을 다셨다. 게다가 영화관을 만들겠다고 봉사단이 내놓은 것은 생각보다 초라한 물건들이었다.

"민수 아저씨. 이걸로 영화관을 만든다고요?"

봉사단에서 가장 젊은 민수 아저씨는 물건을 하나씩 설명해 주었다.

"이 작은 건 쓰지 않는 휴대 전화야. 그리고 오른쪽에 있는 건 태양광 충전 패널이야."

휴대 전화까지는 알아들었는데 도대체 태양광 충전 패널은 뭐하는 데 쓰는 물건일까? 진저는 전혀 모르겠다는 표정으로 나를 쳐다보았다. 나라고 그 물건의 용도를 아는 건 아닌데도 말이다.

민수 아저씨는 우리의 표정을 알아채고는 웃었다.

"여기 은색판이 보이지? 이걸로 태양 에너지를 충전하는 거야. 그리고 어두운 밤에는 그 에너지를 이용해 영화를 보는 거지."

"태양 에너지를 충전한다고요?"

나는 하늘을 쳐다보았다. 하루 종일 뜨거운 햇볕을 내리쬐는 저 태양이 에너지를 준다니. 아저씨의 말은 신기하면서도 정말이지 대단했다.

"여러 가지 방법을 고민해 봤어. 어떤 것이 로버트의 동네에서 가장 적합한 영화관일지 말이야."

우리는 민수 아저씨의 말을 들으며 고개를 끄덕였다.

"우리가 이곳에 매일 올 수는 없잖아. 한국은 먼 곳에 있기 때문에 혹시라도 영화를 트는 프로젝터가 망가지면 고치는 데 시간이 오래 걸릴 거야. 그리고 전기를 쓰는 것도 적합하지 않다고 생각했어."

"맞아요. 우리 동네는 전기가 들어오지 않아서 밤에도 깜깜한 걸요."

"맞아. 그렇지. 그래서 전기를 사용하지 않고 이 패널을 이용해 태양 에너지를 이용하기로 한 거지."

나는 진저의 옆구리를 찌르고는 이제 무슨 뜻인지 알았냐는 표정을 지었다.

"치. 너도 몰랐으면서."

나는 뻔뻔하게 씩 웃어 보였다. 민수 아저씨는 그런 우리를 보더니 한 가지 질문을 했다.

"태양 에너지를 이용하면 가장 좋은 점이 어떤 건 줄 아니?"

릴롱이 나와 진저의 눈치를 살피더니 슬그머니 대답했다.

"공짜다?"

민수아저씨는 릴롱을 향해 엄지를 치켜세웠다.

"정답이야!"

진저는 이에 질세라 끼어들었다.

"햇빛만 있으면 된다!"

"그것도 맞는 답이지."

나는 지고는 못 사는 성격이다. 어떻게든 답을 하나 내놓아야겠다는 생각에 눈을 이리저리 굴렸다. 그래. 바로, 그거야!

"해는 매일 뜨는 거니까. 영원히 사라지지 않는 에너지예요."

민수 아저씨는 얼굴 가득 미소를 지었다.

"모두 정답이야. 너희가 말한 모든 이유 때문에 태양광 영화관을 만들기로 한 거야."

나와 진저, 릴롱은 서로 쳐다보며 웃었다.

밤은 언제나 우리를 찾아왔다. 여느 때 같으면 심심하다고 바닥을 뒹굴었겠지만 오늘은 사정이 좀 다르다. 나는 누워서 기분 좋게 외쳤다.

"두 밤만 더 자면 영화를 본다!"

엄마는 어둠 속에서 내 발끝을 잡고 물었다.

"그렇게 좋아?"

나는 벌떡 일어나 엄마에게 태양광 영화관에 대해 이야기했다.

"엄마. 태양광 영화관은 낮에 햇빛을 충전하면 밤에 그 에너지로 영화를 볼 수 있어. 만드는 가격도 싸서 우리도 부담 없이 쓸 수 있대."

아빠는 태양광 에너지에 시큰둥한 반응을 보였다.

"햇빛을 에너지로 쓴다면 어디 화면이나 제대로 나오겠냐?"

"아니야. 어제 모았던 태양 에너지를 이용해서 오늘 낮에 영화를 틀어 봤거든? 화면도 잘 나오고 소리도 잘 들렸어."

가만히 이야기를 듣던 동생이 내 옆으로 다가왔다.

"진짜? 그럼 우리도 이제 밤에 영화를 볼 수 있는 거야?"

나는 빠르고 힘차게 고개를 끄덕였다.

"그럼!"

아빠는 못 믿는 눈치였지만 엄마는 나에게 기운을 북돋아 주었다.

"우리 로버트, 늦잠만 자는 줄 알았더니 마을을 위해 즐거운 일도 할 줄 아는구나."

"이거 왜 이래. 우리 동네에서 축구도 제일 잘한다고."

아빠는 그제야 웃음을 터뜨렸다.

"그럼, 누구 아들인데."

엄마와 동생도 함께 웃었다.

이틀 동안 많은 일이 있었다. 우리는 실내와 실외에서 시험 상영을

하고 개선할 점을 확인했다. 나와 진저, 릴롱은 혹시라도 태양 에너지가 잘 안 모일까 봐 가장 햇볕이 쨍쨍한 곳에 패널을 가져다 놓았다.

처음에는 어린애 장난 같다고 생각했던 어른들도 소매를 걷고 도와주셨다. 영화관을 만들며 마을 사람들이 하나가 된 것 같았다.

"좀 있으면 영화가 시작할 테니까 마을 사람들에게 알려 줄래?"

나의 부탁에 진저와 릴롱은 집집마다 들리며 영화 상영 소식을 알렸다. 민수 아저씨는 나에게 천과 볼펜을 주었다.

"로버트. 네가 영화관의 간판을 써 보는 게 어때?"

영화관 만들기 반장인 나는 천과 펜을 받아들었다. 나는 망설이지 않고 글자를 써 내려갔다.

우리 동네 햇빛 영화관

나는 글자를 다 쓴 후 영화관을 향해 오는 사람들을 보며 외쳤다.

"이제 곧 영화가 상영됩니다!"

따뜻한 과학,
적정 기술이 환경과 만나다

환경의 역습이 시작되었어!

사람은 세 가지가 없으면 생존할 수 없어. 돈보다도 훨씬 중요한 것이지. 그건 '공기, 물, 음식'이야. 물이 없으면 우리는 3일에서 15일 안에 죽고, 음식을 먹지 못하면 20일을 버티기 힘들어. 공기가 부족하다면 즉시 죽겠지? 숨을 쉴 수 없으니까. 이것은 모든 살아 있는 생명체에게 해당되는 이야기야.

18세기 말 영국에서 시작된 산업 혁명 이후, 인류는 눈부신

과학 기술의 발전과 산업화로 풍요로운 물질문명의 혜택을 누리게 되었어. 하지만 그로 인해서 인류가 생존하는 데 반드시 필요한 공기와 물이 위험한 상황에 놓였어.

자동차, 각종 기계들을 만드는 공장, 그에 쓰이는 연료 등을 만들고 운영하느라 화석 에너지와 공업용수를 엄청나게 사용했지. 그것은 대기 오염, 수질 오염, 토양 오염으로 번져 나갔어. 하지만 산업화로 인해 우리 삶의 질은 갈수록 높아졌기에 사람들은 환경 오염을 심각하게 여기지 않았어. 그러다 더 이상 환경 오염을 간과해서는 안 된다는 것을 깨닫게 한 사건이 발생했어.

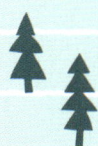

1952년 12월, 런던에서 일어난 일이야. 여러 공장에서 석탄을 연료로 사용했지. 석탄을 태우고 나면 아황산 가스라는 유독성 기체가 만들어져. 이 아황산 가스가 공장 굴뚝을 빠져나온 후 공기 안에 있는 습기와 만났어. 그러자 런던의 하늘에 두꺼운 안개가 만들어졌어.

런던 시민 중 약 1만 2천여 명이 10일 사이에 만성 폐 질환과 호흡 장애로 죽거나 장애를 입었어. 아황산 가스와 습기가 결

87

런던스모그

합해 죽음의 안개를 만들어 냈던 거야. 이것을 '런던 스모그 사건'이라고 해. 이제껏 아무런 규제도 하지 않았던 영국은 이 사건을 통해 대기 오염의 심각성을 깨달았어. 그 결과, 1956년에 대기 오염 청정법을 제정했지. 이것을 지켜본 다른 국가들도 환경오염 문제에 대해서 눈을 떴고 말이야.

  에어컨의 냉각제로 쓰이는 프레온 가스가 지구 보호막인 대기의 오존층을 파괴한다는 이야기는 많이 들어 봤지? 그리고 대기 오염으로 지구가 점점 뜨거워지고 있다는 사실도 알고 있

을 거야. 대기 오염이 지금처럼 계속된다면 2030년에는 지구의 평균 기온이 2~5도 올라갈 거라고 해. 그 결과 바다의 높이는 60센티미터 정도 높아지고 말이야. 수면이 높아지면 물에 잠기는 지역도 생기게 돼. 어쩌면 한 나라가 사라질지도 몰라.

과학 기술이 환경 오염을 만들어 내긴 했지만 이것을 해결하는 데도 과학 기술이 필요해. 바로, 환경 오염이 심각한 상황에서 적절하게 쓰일 적정 기술이 필요한 거지.

"환경 면에서 건전하고 지속 가능한 과학 기술!"

이것은 생명체가 살기 위한 필수 조건을 지켜 내기 위해 과학 기술이 나아가야 할 방향이야. 환경 오염 문제를 인식하고 개발한 '청정 에너지'가 바로 그 방향에 맞는 에너지야.

선진국의 경우, 실용화 단계에 접어든 대체 에너지로는 태양 에너지, 풍력 에너지가 있어. 이 외에도 해수면이 위아래로 움직일 때 생기는 힘을 이용한 파랑 에너지, 땅이 지닌 에너지를 사용하는 지열 에너지 등 대체 에너지의 개발은 지금도 활발히 진행 중이야.

케미포비아란 무엇일까? 왜 생겨났을까?

2011년 4월, 서울 시내 한 대학병원에는 출산 전후 20~30대 산모 7명과 40대 남성 1명이 실려 왔다. 이들은 원인을 알 수 없는 폐 질환으로 고통을 호소했고, 이 중 4명의 산모가 숨졌다. 3개월 뒤 질병관리본부는 사망한 산모들의 폐 손상 원인이 '가습기 살균제' 때문인 것으로 추정된다는 역학 조사 결과를 발표했다. (후략)

- 2016년 4월 뉴스에서 -

　편리를 위해 만들어진 것들이 환경을 파괴하고 심지어는 우리를 파괴하는 일이 생겼어. 플라스틱, 건축 자재, 중금속에서 나오는 환경 호르몬 때문에 우리는 서서히 병들고 있거든.
　사람들은 우리가 지내는 실내 장소, 음식물, 각종 물건들을 하나씩 의심하고 무서워하기 시작했어. 그렇게 해서 생겨난 말이 '케미포비아(화학 공포증)'야.
　케미포비아란 생활화학 제품을 꺼리는 사람들을 일컫는 말

이야. 화학을 뜻하는 케미칼(Chemical)과 혐오를 뜻하는 포비아(Fobia)가 합쳐진 용어지.

수많은 피해자를 낳은 '가습기 살균제 사건'과 치약에도 가습기 살균제와 같은 성분이 있다고 밝혀진 '메디안 치약 사건'으로 인해서 케미포비아는 훨씬 더 늘어났어. 그 제품들 안에 든

케미포비아

독성물질은 CMIT(클로로메칠이소치아졸리논)와 MIT(메칠이소치아졸리논)야.

CMIT와 MIT는 샴푸, 세제, 섬유 유연제, 청소용품, 일회용 물수건, 마스카라, 페인트, 살충제 같이 생활 속 제품들에 매우 광범위하게 사용돼. 이 물질을 많이 쓰는 이유는 보존 능력과 살균 능력이 탁월하기 때문이야.

화장품의 경우, 오래 두고 쓰면 곰팡이가 생길 수 있기 때문에 이것을 억제하는 보존제로 CMIT, MIT가 쓰이고 있어. 또한 가습기 살균제처럼 살균 용도로도 쓰이지. 일반적으로 보존제보다는 살균 용도로 쓰일 때 더 많은 CMIT와 MIT가 들어가 있다고 해.

기업들은 아주 적은 양이 들어가므로 건강에 해를 끼치지 않을 거라고 하지만 과연 정말 안전한 걸까?

CMIT와 MIT의 주요 부작용은 다음과 같아.

1. 알레르기를 유발한다.

2. 농도가 높으면 화학적 화상, 피부염이 발생한다.
3. 성장기 아동의 뇌세포에 영향을 준다.

매일 쓰는 치약과 샴푸에, 세탁했으니 깨끗해졌다고 생각한 옷에 이러한 성분들이 있다니 정말 무서운 일이지 않아?
화학제품에 심각하게 노출되며 살아가는 지금, 자연 친화적인 제품을 쓰려는 사람들의 움직임은 당연한 것일지도 몰라. 친환경이면서 재생이 가능한 에너지를 추구하는 적정 기술이 미래 사회에 꼭 필요한 이유이기도 하지.

환경 오염 걱정 없는 깨끗한 에너지, 클린 에너지!

적정 기술은 손상된 지구 환경을 회복시킬 대안으로 떠오르고 있어. 거대한 시스템이 있어야만 되는 첨단 기술은 지속 가능성이 약하기 때문이야. 지구 온난화, 생태계 파괴, 오일 쇼크, 체르노빌과 후쿠시마 원전 사고 등은 더 이상 어쩌다 생기

는 일이 아니야. 그래서 더욱 대두되는 것이 청정 에너지 즉 클린 에너지야. 다른 말로는, '신재생에너지'라고도 해.

신재생에너지는 새로운 에너지와 재생할 수 있는 에너지를 합쳐서 지칭하는 용어야. 기존 화석 연료를 변환시키거나 햇빛, 물, 지열, 강수, 생물 유기체 등을 포함해 재생 가능한 에너지를 변환시켜 이용하지. 그럼, 대표적인 신재생에너지에 대해 알아볼까?

수소 에너지 수소를 기체 상태에서 연소시키면 폭발하면서 열이 생겨. 이 폭발열을 이용하거나 수소를 다시 분해해 에너지원으로 활용하는 기술이야. 고갈될 위험이 없는 자원으로, 자동차 이외에도 발전, 가정, 휴대용 등 다양한 분야에서 응용할 수 있는 에너지로 꼽혀.

연료 전지 수소, 메탄 및 메탄올 등의 연료를 산화시켜서 생기는 화학 에너지를 전기 에너지로 바꾸어 내는 기술이야. 현

재 연료 전지를 이용해 자동차를 개발하고 있고 사무용 빌딩에 사용하는 방법을 연구하고, 도입하는 중이야.

태양열 태양이 내는 열을 이용하는 기술이야. 가장 많이 알려진 기술이지. 태양의 열을 흡수하고, 저장해서 에너지로 만드는 거야. 은박지를 활용해 태양열을 조리 도구로 쓰는 태양열 조리기도 한 예야. 햇빛만 있으면 온도에 상관없이 조리할 수 있는 거지. 태양열 조리기는 매연을 줄여 나무를 보호한다는 장점이 있어.

태양광 태양광 발전 시스템을 이용하여 태양광을 직접 전기 에너지로 바꾸어 내는 기술이야. 주로 태양 전지로 활용돼. 유지 보수하기가 쉽고 사람이 없어도 만들 수 있다는 장점이 있어.

바이오 에너지 식물 유기물과 동물 유기물 등을 열분해하거

나 발효시키면 메탄 또는 에탄올, 수소와 같은 액체, 기체의 연료를 얻을 수 있어. 이러한 모든 생물 유기체를 통해 얻을 수 있는 에너지를 뜻해. 주로 옥수수나 사탕수수 같은 식물을 이용해.

풍력 바람의 힘을 회전력으로 전환시켜 전기를 만들어 내는 기술이야. 풍차를 생각해 보면 쉽게 이해하겠지?

풍력 에너지를 가장 잘 활용하는 나라는 덴마크야. 1970년 세계 최초로 풍력 에너지를 이용해 전기를 생산했어. 현재는 전력의 20%를 자연 바람으로 생산하고 2050년에는 화석 에너지를 전혀 쓰지 않는 걸 목표하고 있지.

수력 개천, 강이나 호수 등 물의 흐름으로 얻은 운동 에너지를 전기 에너지로 바꾸는 기술이야. 일부러 댐을 건설해 환경을 파괴하는 수력 발전소보다는 물이 높은 곳에서 떨어질 때의 낙차와 저수량을 목표로 하는 소수력 발전이 더 친환경적이야.

지열 땅 속 뜨거운 물과 돌을 포함해 땅이 가진 열에너지를 사용하는 기술이야. 환경을 위해 가장 좋은 에너지 기술이지. 하지만 설치 장소에 제약이 많아서 더디게 발전하고 있어.

해양 에너지 해수면의 상승하강 운동을 이용한 조력 발전과, 해저층과 해수 표면층의 온도 차를 이용한 열에너지를 기계적 에너지로 바꾸어 쓰는 기술을 말해.

다른 신재생에너지들보다 가장 먼저 개발되었지. 중세 유럽에서는 조류를 이용해 얻은 동력으로 제분소를 운영하여 옥수수나 밀을 빻기도 했어. 우리나라는 서해의 인천만, 아산만 등이 조력 발전에 적합한 지역으로 꼽힌단다.

폐기물 에너지 탈 수 있는 쓰레기 중 에너지 함량이 높은 쓰레기를 열분해, 가스화, 소각 등의 처리 과정을 거쳐 고체 연료, 액체 연료, 가스 연료, 폐열(쓰고 난 열) 등으로 생산하는 기술이야. 신재생에너지 생산량에서 60%를 차지하지. 그만큼 가

장 많이 활용되는 에너지야.

클린 에너지는 화석 에너지의 고갈 문제와 환경 문제를 해결할 가장 깨끗한 에너지야.

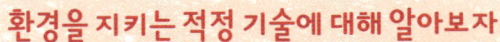
환경을 지키는 적정 기술에 대해 알아보자!

적정 기술은 기술의 첨단성보다 각 환경을 얼마나 고려해 당사자들에게 필요한 것을 만드느냐가 중요해. 적정 기술의 궁극적인 목표는 지속이 가능한 미래이기 때문이야.

이제 선진국에서도 인간과 환경, 미래를 보듬는 적정 기술이 필요하다는 움직임이 일고 있어. 그렇다면 간단하고 효율적인 방법으로 환경을 지키는 적정 기술로 무엇이 있는지 알아보자.

그래비티 라이트(Gravity Light)

아직도 전 세계 인구의 20%인 약 13억 명이 등유로 불을 밝

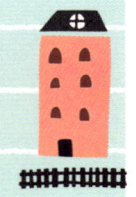

혀. 그런데 등유는 가격도 비싸고 유독 가스를 만들어 내지. 화재 위험도 크고 말이야.

'높은 가격, 환경 파괴, 화재의 위험.'

이 세 가지 문제점을 한 번에 해결해 줄 램프가 바로 그래비티 라이트야. 우리나라 말로 하면 '중력 전등'이야. 그래비티 라이트는 이름 그대로 중력을 이용해서 불을 밝히는 등이야. 어떻게 불을 밝히는 것인지 한 번 살펴볼까?

일단 그래비티 라이트를 적당한 곳에 걸고 한쪽 끝에 달린 천 가방에 10kg 정도의 돌이나 흙 같은 물체를 담아. 그러면 가방이 중력에 의해 아래로 내려가면서 벨트를 돌리지. 그럼 벨트의 회전에 따라 전기 모터의 톱니바퀴가 움직이면서 전기를 만들어 내는 거야. 이렇게 만들어진 전기가 본체에 달린 LED 램프에 닿으면 밝은 불빛을 내게 돼. 쉽게 말하면, 도르래의 원리를 이용해 운동 에너지를 만들어 전기를 생산하는 거야.

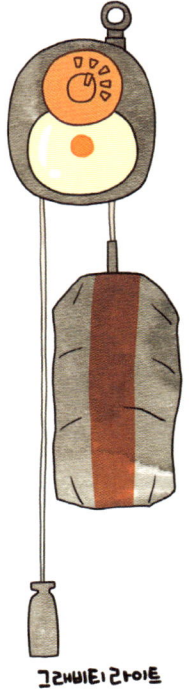

그래비티 라이트

가방이 한 번 떨어질 때 만드는 전기 에너지로 최대 30분까지 빛을 밝힐 수 있어. 불이 꺼지면 10kg 가방을 다시 본체까지 들어 올리면 되지.

불의 밝기는 등유 램프보다 세 배 정도 밝아. 벨트와 전기 모터만 고장 나지 않는다면 계속 사용할 수 있지. 제품을 만드는 비용도 만 원 이하야. 지리 특성 때문에 태양 에너지, 풍력 에너지를 쓰지 못하는 곳에서 쉽게 사용할 수 있는 발명품이지.

오호(ooho)

현대 사회에서 물을 사 먹는 건 신기한 일이 아니야. 마트와 편의점 냉장고에는 언제나 시원하게 마실 수 있도록 물이 구비되어 있지. 커다란 플라스틱 물통을 이용하는 정수기도 가정과 회사에서 쉽게 볼 수 있어.

오호

우리가 사 마시는 물만이 아니라 음료수, 각종 술은 페트병

에 담아서 팔아. 그렇다 보니 페트병의 소비량이 어마어마해. 미국에서는 다섯 시간마다 200만 개에 달하는 페트병이 소비된다고 해. 페트병은 가볍고 간편하게 보관할 수 있다는 장점이 있지만, 썩는 데 굉장히 오랜 시간이 걸리고 환경 호르몬이 나온다는 단점이 있어. 그래서 심각한 환경 오염의 주범으로 꼽히지.

오호는 페트병, 종이컵을 쓰지 않는 것으로 환경을 지키자는 의미에서 나왔어. 바로 먹을 수 있는 물방울이야. 들고 다닐 수 있으니 먹는 물병이라고도 할 수 있겠다.

계란을 깨면 노른자가 탱글탱글하게 모양을 유지하는 걸 볼 수 있지? 오호는 여기에서 영감을 얻었어. 오호는 투명한 계란 노른자처럼 생겼거든. 목이 마를 때 2중으로 된 막을 찢어서 막과 함께 먹으면 되는 단순한 구조야.

알긴산나트륨 1g과 염화칼슘 5g, 물 다섯 컵만 있으면 만들 수 있어. 알긴산나트륨과 염화칼슘이 만나면 얇은 막이 형성돼. 바로 그 막 안에 물을 넣는 거지. 우리에게 생소한 용어지

만 알긴산나트륨이나 염화칼슘은 식품 원료를 파는 곳에서 살 수 있어. 인터넷에서도 팔고 말이야.

하지만 이 오호에도 아쉬운 면이 있어. 많은 양을 만들기 어렵고, 위생 문제도 완벽하게 해결되지 않았거든. 하지만 이 문제들을 풀어 낸다면 물 부족 현상과 환경 오염의 해결책이 될 수 있는 적정 기술이야.

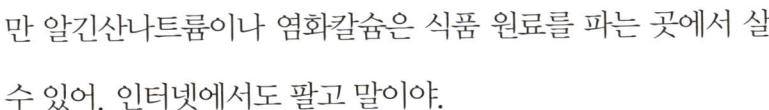

TIP 팥손난로 만들기

추운 겨울날, 꽁꽁 언 손을 녹이기 위해 주머니 속에 넣는 물건이 뭐지? 바로 손난로야. 1회용 손난로는 휴대하기 좋아서 많이 사용하지만 한 번 쓰고 버리게 돼. 버려진 손난로들이 어디로 가겠어? 다 쓰레기가 되겠지. 뜨거운 물에 다시 끓여서 사용할 수 있는 난로도 있지만 재질이 플라스틱 비닐이라 환경 호르몬의 위험에서 안전하지 못해.

팥손난로

적정 기술이 뭐라고 했지? 각각의 환경을 고려해 필요한 것을 만드는 기술이잖아. 우리라고 못할 것 없지! 친환경적이고 재사용할 수 있는 팥손난로를 만들어 보자.

준비물 : 팥, 실, 바늘, 수면 양말이나 기타 남는 천

❶ 팥을 적당량 준비한다.
❷ 수면 양말을 준비한다. 혹은 남는 천으로 입구가 뚫린 주머니 모양을 만든다.
❸ 양말 혹은 주머니에 팥을 채워 넣은 뒤 입구를 꼼꼼히 바느질한다. 완성!

정말 간단하지? 팥이 아니라 콩과 같은 다른 곡물로도 만들 수 있어. 자투리 천으로 만들어도 되니 실용적이야. 이렇게 해서 만든 팥손난로를 전자레인지에 40초 동안 돌리면 1시간 정도는 따뜻하게 쓸 수 있어.
1회용 손난로 대신 팥손난로를 써서 깨끗한 환경을 만드는 데 함께해 보자.

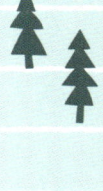

이야기 넷

우리 모두를 위한 디자인, 노란 카펫을 아시나요?

아빠와 엄마는 오늘도 저녁 뉴스를 보기 위해 TV 앞에 앉아 있었어요. 단정한 차림의 앵커 언니가 오늘 있었던 사건, 사고 소식을 전했지요.

"통계청 발표에 따르면 어린이 사망 사고의 원인 44%가 교통사고라고 하는데요. 발생 장소 가운데 81%가 횡단보도인 것으로 밝혀졌습니다. 아이들은 횡단보도가 안전한 곳이라고 생각해 갑자기 뛰어드는데 운전자는 주의를 하지 않아 사고가 발생하는 것으로……."

뉴스를 보던 엄마의 표정이 순간 어두워졌어요.

"남의 일 같지 않네."

"무슨 일 있었어요?"

지희는 엄마가 아빠에게 무슨 이야기를 할지 알 것 같았어요. 지희도 오늘 아침에 친구한테 들은 이야기가 있거든요.

"작년에 지희랑 같은 반이었던 세진이 있잖아요. 그 아이가 횡단보도에 있다가 차에 치였다지 뭐예요?"

아빠는 깜짝 놀랐어요.

"그냥 횡단보도에 있었는데 차에 치였다고요?"

"당신도 요 앞 사거리 알죠? 그쪽이 인적이 드물어서 어둡잖아요. 그러니까 차들도 그냥 쌩쌩 지나가고. 세진이가 학원 끝나고 집에 가려다가 거기서 큰일을 당한 모양이에요."

아빠의 표정도 심각해졌어요.

"그래서 애는 어떻게 됐대요?"

"다행히 목숨은 건진 모양이에요."

"아이고. 천만다행이네."

엄마는 부엌에서 우유를 마시는 지희를 향해 눈길을 주었어요.

"그래도 걱정이에요. 횡단보도를 건너다가도 사고를 당하니. 우리 지희도 학원에서 늦게 끝나는데……."

덩달아 아빠도 지희를 쳐다보았어요.

"그러게요. 매일 데리러 갈 수도 없는 노릇인데……."

졸지에 부모님의 주목을 받게 된 지희는 우유를 서둘러 마시고 방으로 들어갔어요.

마음이 심란한 건 지희도 마찬가지였어요. 세진이랑 친한 사이는 아니었지만 그래도 같은 반 친구가 사고를 당했다고 하니 걱정이 되었어요.

'내일은 현진이한테 병문안을 가자고 해야겠다.'

지희는 세진이가 사고를 당한 횡단보도 쪽으로는 다니지 말아야겠다고 생각했어요.

세진이가 사고를 당하고 사흘 뒤, 학교에서는 학부모 회의가 열렸어요. 학부모 회의 안건은 다음과 같았어요.

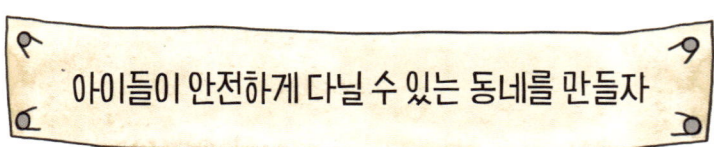
아이들이 안전하게 다닐 수 있는 동네를 만들자

뜻을 모은 학부모 중에는 지희의 아빠, 엄마, 세진이의 아빠도 있었어요.

"우리가 안전하게 다닐 수 있는 동네? 어떻게 만들어?"

지희는 현진이와 창문가에서 발끝으로 서서 학부모 회의를 지켜보고 있었어요. 현진이의 질문에 지희는 어깨를 으쓱했어요.

"나도 모르지."

때마침 종이 울려 지희와 현진이는 별다른 말을 듣지 못한 채 교실로 돌아왔어요. 뜻밖에도 현진이의 궁금증은 교실로 돌아온 선생님이 해결해 주었어요.

"다 함께 노란 카펫을 깔기로 했어요."

'노란 카펫이라고?'

지희와 현진이는 동시에 서로 쳐다보며 눈을 마주쳤어요.

이윽고 선생님은 칠판에 '노란 카펫'이라고 적었어요.

"자, 노란 카펫에 대해 들어 본 적 있는 사람."

아이들은 서로 눈치만 살피고, 아무도 대답하지 않았어요. 평소 엉뚱한 이야기를 잘하는 태종이가 손을 들었어요.

"설마 알라딘이 타는 양탄자 같은 건 아니죠?"

선생님은 웃으며 고개를 저었어요.

"노란 카펫은 횡단보도 앞에 까는 거예요."

"횡단보도 앞에 노란 카펫을 어떻게 깔아요?"

"카펫은 자주 빨아야 하는 거 아니에요?"

"비가 오면 젖고 더러워질 텐데."

여기저기서 질문이 터져 나오자 선생님은 노란 카펫이 무엇인지 말씀해 주셨어요.

"노란 카펫은 진짜 카펫이 아니에요. 보행자를 안전하게 만들어 주는 디자인이죠. 눈에 잘 띄는 노란색을 쓰기 때문에 노란 카펫이라고 부르는 거예요."

선생님은 칠판에 횡단보도 그림을 그려 주었어요.

"횡단보도 앞에서 보행자가 대기하는 곳이 있죠? 그곳에 이렇게 노란 색으로 스티커를 붙이는 거예요."

선생님은 횡단보도 옆 인도에 삼각형을 그린 후 그 안을 노란색으로 칠했어요. 그리고 삼각형의 꼭짓점에 별을 하나 그려 넣었어요.

"이 자리에는 태양광 램프를 설치할 거예요. 그러면 이 램프가 낮에는 햇빛을 잔뜩 머금었다가 밤이 되면 자동으로 햇빛을 뱉어 내 어둠을 밝히는 거죠."

"우와~!"

아이들 사이에서 환호성이 터져 나왔어요.

"이제부터는 횡단보도 앞에서 초록 불을 기다릴 때 노란 카펫 안에

있으면 돼요. 노란색 안에 있으니까 눈에 잘 띄겠죠? 그러면 운전자도 조심해서 운전하게 될 거예요. 노란 카펫은 보행자와 운전자 안전을 둘 다 지키는 거랍니다."

지희는 횡단보도 앞에 노란 스티커만 붙였을 뿐인데 그런 변화가 일어난다는 것이 신기했어요.

"자. 그럼 주말에는 다 함께 노란 카펫을 깔아 봅시다."

아이들은 선생님의 말에 어리둥절해 했어요.

"저희도 같이 깐다고요? 어른들이 하는 게 아니고요?"

선생님은 검지를 양 옆으로 까딱거렸어요.

"아니, 아니오. 당연히 다 같이 해야죠. 지금 설명한 것처럼, 노란 카펫은 원리도 단순하지만 만드는 법은 더 단순하답니다."

"네……."

아이들의 대답에는 힘이 없었어요. 주말에 놀지 못하게 되어 실망했거든요. 하지만 지희는 달랐어요. 세진이를 생각해서라도 노란 카펫을 열심히 깔아야겠다고 다짐했어요.

드디어 토요일이 돌아왔어요. 지희는 아빠, 엄마와 함께 학교 후문으로 향했어요. 그곳에는 이미 여러 학부모들과 친구들이 있었어요.

현진이는 지희를 보고는 서둘러 곁으로 다가왔어요.

"나 이거 받았다."

현진이는 지희에게 작은 고무망치를 보여 줬어요.

"우와. 나도 받고 싶다."

지희가 앙증맞은 고무망치를 구경하는 동안 담당자가 사람들의 앞으로 나왔어요. 담당자는 여러 지역에서 노란 카펫을 깔았다면서 자세한 설명을 들려주었어요.

"노란 카펫은 벽 부분의 색 대비를 활용한 것입니다. 디자인만 살짝 변화시킨 거죠. 노란 카펫을 깔면 운전자가 횡단보도 진입부에 서 있는 아동을 잘 볼 수 있게 되어 교통사고를 예방하는 효과가 있습니다."

말을 마치고 담당자는 거대한 두루마리 휴지처럼 둘둘 말린 노란색 종이를 가리켰어요.

"이건 그래픽 노면 표시제라는 겁니다."

지희는 고개를 갸웃했어요. 처음 들어보는 생소한 말이었거든요. 지희만이 아니라 아빠, 엄마도 궁금한 얼굴로 그것을 보았어요.

"왜 노란색 페인트를 칠하지 않는 거죠?"

한쪽에 서 있던 어른 한 분이 질문을 하자 담당자는 예상한 질문이라는 듯 술술 답했어요.

"페인트는 냄새가 많이 나죠. 게다가 표면이 미끄러워서 넘어질 위험이 있습니다. 하지만 그래픽 노면 표시제는 스티커처럼 바닥에 붙이는 것이기 때문에 냄새가 나지 않고 미끄럼 방지 기능이 우수합니다. 벗겨지는 페인트와 달리, 사용 기간도 길고요."

모두 그제야 수긍하는 분위기였어요. 지희와 아빠, 엄마도 사람들을 따라서 고개를 끄덕였어요.

사람들은 조를 나누어 노란 카펫을 깔기 시작했어요. 지희와 엄마가 노란 스티커를 떼어 내면 아빠는 미리 그어 놓은 선에 맞춰서 바닥에 붙였어요. 옆쪽에서 현진이는 지희와 같은 일을 했어요.

"다 붙이셨으면 장갑을 끼고 고무망치를 드세요. 지금부터 두드림 작업을 시작합니다."

모든 사람이 장갑을 끼고 노란 스티커 앞에 모여 앉았어요. 태종이가 고무망치로 노란 스티커를 두드리려 하자 담당자가 재빨리 외쳤지요.

"잠깐! 그냥 두드리면 안돼요. 수건을 덮고 두드리세요. 그렇지 않으면 스티커가 찢어질 수도 있거든요."

"네. 조심하겠습니다."

태종이는 멋쩍은 얼굴로 머리를 긁적였어요.

통탕! 통탕! 여기저기서 고무망치를 두드리는 소리가 났어요. 수건을 덮고 두드려서 소리는 크지 않았어요. 게다가 마음껏 두드릴 수 있어 스트레스도 해소되는 것 같았지요.

"어구구. 허리 아프다."

현진이는 몸을 일으키며 신음 소리를 냈어요.

"누가 들으면 할머니가 오신 줄 알겠다."

지희의 핀잔에 현진이는 쌜쭉한 표정을 지었어요.

지희도 힘든 건 마찬가지였어요. 점점 햇살이 뜨거워지고 있었고 망치질을 끊임없이 반복해야 했거든요. 하지만 다 같이 수다를 떨면서 하니까 힘든 것도 금세 잊을 수 있었지요. 어느덧 시간이 흘러 두드림 작업도 마무리가 되었어요.

"다 두드리셨으면 이제 재단을 해 주세요."

재단은 보행자가 횡단보도에 너무 가까이 서지 않도록 거리를 두고 노란 스티커를 자르는 작업이었어요. 양 옆까지 자르니 드디어 선생님이 칠판에 그렸던 삼각형이 완성됐어요.

엄마는 지희에게 세모 모양 스티커를 건넸어요.

"이 미끄럼 방지 스티커만 곳곳에 붙이면 끝이야."

지희는 현진이와 함께 바닥에 스티커를 붙였어요. 담당자는 삼각형의 꼭짓점에 태양광 램프를 단 후 사람들을 돌아보며 말했어요.

"노란 카펫이 완성되었습니다."

활짝 웃는 사람들 속에서 지희와 현진이는 열심히 박수를 쳤어요.

노란 카펫이 깔린 지 며칠이 지났어요. 늦게 퇴근하고 돌아오는 아빠의 표정이 밝았어요.

"노란 카펫을 깔기를 잘한 거 같아요."

아빠의 말에 주방에서 설거지를 하던 엄마가 고개를 돌렸어요.

"왜요? 무슨 일이라도 있었어요?"

"원래 이 시간이면 차가 없어서 속도를 내서 집에 왔거든요. 근데 노란 카펫 위에 불이 들어오니까 나도 모르게 속도를 줄이게 되더라고요."

"정말요? 고생한 보람이 있네요."

엄마는 환하게 웃으며 남은 그릇들을 마저 닦았어요. 아빠는 지희를 보며 물었어요.

"너는 어때? 노란 카펫이 좋은 거 같아?"

그러자 지희는 어젯밤, 학원에서 수업을 마치고 집으로 돌아오던 때를 떠올렸어요. 지희는 빙그레 웃으며 고개를 끄덕였어요.

"네! 노란 카펫 위에 서니까 제가 특별한 사람이 된 기분이 들어요."

아빠는 기분이 좋은지 지희의 머리를 쓰다듬어 주었어요.

"지희는 당연히 특별한 사람이지."

지희는 싱긋 웃으며 선생님이 한 말을 떠올렸어요.

'보행자와 운전자의 안전, 둘 다를 지키는 것.'

횡단보도 앞에 노란 스티커를 붙인 것뿐이지만 지희는 선생님의 그 말이 꼭 맞다고 생각했답니다.

따뜻한 과학,
적정 기술이 디자인과 만나다

디자인은 어디에나 있다고?

"저 옷 디자인이 예쁘네."
"이번에 저희 회사에서 나온 자동차의 디자인이 끝내 줍니다!"
우리는 실생활에서 '디자인'이란 단어를 많이 써. 물건의 형태가 독특하고 예쁠 때만이 아니라, 색이 조화로울 때, 사물의 배치가 잘되어 있을 때도 디자인이 좋다고 말해. 디자인이 포괄하는 범위가 넓기 때문에 "모든 것이 디자인이고, 디자인은

==어디에나 있다"==라는 말이 있을 정도야.

디자인(Design)의 어원은 Designare야. '계획하다, 설계하다'라는 뜻이 있어. 어원 그대로 디자인은 우리의 생활을 더 편리하고 쾌적하게, 그리고 아름답게 만들기 위한 계획이나 설계를 뜻해. 그렇다고 모든 모양을 디자인이라고 할 수는 없는 법! 디자인이 되려면 어떤 조건을 갖추어야 할까?

디자인도 훌륭한 예술 작품이 될 수는 있지만 그림이나 조각과는 달라. 디자인은 ==우리의 생활과 직접 관련을 맺으며 다양한 문제를 해결해야 해.== 의자 디자인이라면 사람이 앉을 수 있는 용도여야 하고 램프 디자인이라면 어둠을 밝힐 수 있어야겠지. 기능과 편리함과 미적 요소를 모두 갖춘 디자인이 좋은 디자인이야.

디자인에서 민족성, 기후와 풍토도 중요한 요소야. 이슬람교를 믿는 나라에서 힌두교의 영향을 받은 디자인을 선보이는 건 예의가 아니겠지? 얼음으로 만든 가구가 아무리 편리하고 예뻐도 뜨거운 사막에서는 효용 가치가 없을 테고 말이야.

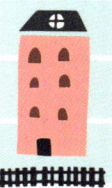

현대 사회에서 디자인의 가장 중요한 요소는 유행성과 독창성일 거야. 빠르게 흘러가는 세상 속에서 살아남는 디자인은 생각보다 많지 않거든. 그래서 남들과 다르게 생각할 수 있는 능력이 필요해. 게다가 소비자가 공감할 수 있는 아름다움이어야 하지. 이처럼 디자인에 대한 고민은 점점 복잡해지고 있어.

적정 기술과 디자인이 만나면 어떤 일이 일어날까?

앞서 살펴본 디자인의 요건 중에 '생활과 관련된 문제를 해결한다'는 점이 있었지? 그동안 디자인은 우리가 직면한 문제를 해결하며 발전해 왔어. '디자인이 우리의 문제를 해결했다'는 말이 선뜻 이해 가지 않을 거야. 그럼 예를 들어 생각해 보자.

시력이 낮은 사람들은 책을 잘 읽기 위해 돋보기를 사용했어. 하지만 매번 돋보기를 들고 다니기가 불편했지. 그래서 사람들은 돋보기가 항상 눈 역할을 해 주도록 마치 몸처럼 함께 있었으면 했어.

==귀에 걸 수 있는 돋보기를 만들어야겠다!'==

그렇게 해서 만들어진 디자인이 지금의 '안경'이야. 이제는 안경의 순기능을 넘어 다양한 색과 모양들로 그 사람의 개성을 표현하는 패션으로도 쓰이지. 시대에 따른 디자인의 변화인 셈이야.

첨단 기술의 발달로 제품들도 아주 다양해졌어. 디자인도 제각각이고. 하지만 일부 제품들은 사용법이 까다롭거나 쓰려면 익혀야 할 것들이 많아.

디자인은 생활과 관련된 문제를 해결하고, 편리하며 아름다워야 한다는 원래 목적을 따르면서 적정 기술과 짝을 맺게 되었어. 적정 기술은 간단하고 효율적인 방법을 중요하게 여긴다는 측면에서 디자인과 같은 목적을 추구한다고 볼 수 있어.

=='특별히 개조하지 않아도, 가능한 한 많은 사람들이 불편함을 느끼지 않고 차별 없이 이용할 수 있도록, 처음부터 계획하고 제품, 환경, 서비스를 디자인하는 것.'==

이러한 목표를 위해 이해하기 쉬운 직관적인 모양과 간단한

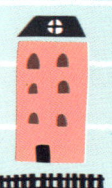

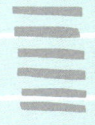

사용을 디자인하는 것을 '유니버설 디자인(universal design)'이라고 해. 우리나라 말로는 '보편적 디자인'이라고 한단다.

장애 여부, 나이, 빈부 격차에 상관없이 모두 쉽게 쓸 수 있는 유니버설 디자인에는 지켜야 할 원칙이 일곱 가지 있어.

1. 누구나 동등하게 사용할 수 있어야 한다.
2. 다양한 조건에서 자유롭게 쓸 수 있어야 한다.
3. 사용법이 간단해야 한다.
4. 필요한 정보를 신속히 이해할 수 있어야 한다.
5. 무심코 저지른 실수가 위험을 불러오지 않아야 한다.
6. 최소한의 신체 부담으로 편하게 사용할 수 있어야 한다.
7. 접근하고 사용하기에 적합한 크기와 공간을 가져야 한다.

유니버설 디자인은 처음에는 신체가 불편한 사람을 배려하려는 목적에서 시작했어. 지금은 더 대상을 넓혀서, 지구촌 모든 사람들이 편리하고 쉽게 사용하는 디자인을 추구하고 있지.

모두를 위한 디자인, '유니버설 디자인'

유니버설 디자인은 신체의 제약이 있는 사람은 물론, 어린이와 노인 할 것 없이 모두 편하게 사용하도록 설계되어 있어. 누구도 차별이나 불안감, 열등감을 느끼지 않고 쓸 수 있도록 디자인되어서 '디자인 평등'을 불러왔다고도 해. 그렇다면 유니버설 디자인의 예로 어떤 것이 있는지 알아볼까?

무장애 보행로

학교 앞의 길이나 집 근처의 인도를 걸었던 기억을 더듬어 보자. 길이 너무 좁아서 친구들이랑 나란히 걷기 힘들거나 턱이 많아서 자전거, 킥보드를 타다가 불편했던 적이 있지 않아?

국토교통부의 조사에 따르면 장애인은 주 통행수단이 '도보(걸어감)'라고 해. 우리도 깨지거나 울퉁불퉁한 보도를 걸을 때면 불편함을 느끼는데, 휠체어를 타거나 지팡이를 이용하는 장애인은 얼마나 불편하고 힘들까?

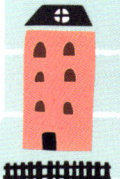

서울 인구의 약 22%가 교통 약자에 해당돼. 장애인, 노인, 임산부, 어린이 등도 교통 약자야. 이러한 교통 약자뿐 아니라 시민 누구나 걷는 데 불편함이 없도록 디자인된 것이 바로 무장애 보행로야.

'무장애 보행로'는 말 그대로 걷는 데 장애되는 것을 없앤 길이야. 길이 중간에 끊기면 평평한 보행로로 연결하고, 휠체어나 유모차가 이동할 수 있도록 턱을 없애는 거지. 어린이들이 길을 걷다가 갑자기 차도로 들어가지 못하도록 울타리도 만들고 말이야. 지팡이를 쓰는 시각 장애인을 위해서 '점자 블록(시각 장애인이 발의 촉감으로 위치와 방향을 알 수 있게끔 표면에 돌기가 난 블록.)'을 만드는 것도 필수 요소야.

모든 보도가 무장애 보행로가 된다면 누구나 차별 없이 편하게 걸을 수 있는 환경이 만들어질 거야.

U-WING 펜

우리가 인식하지 못하지만 펜을 쥐고 글

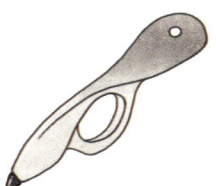

씨를 쓰려면 손에 많은 힘을 줘야 해. 하지만 유윙(U-WING) 펜을 사용하면 손에 큰 힘을 주지 않아도 글씨를 쓸 수 있어.

오른손과 왼손 구분 없이 사용할 수 있다는 것도 장점이야. 오른손잡이의 비율이 훨씬 높기 때문에 글씨를 왼손으로 쓰는 사람들은 전용 펜을 써야 할 때가 있거든. 유윙 펜은 그런 차별을 없앴어.

유윙 펜은 큰 구멍이 있어서 발과 입으로 글씨를 쓰는 사람들, 또는 손으로 펜을 잡기 어려운 사람들도 쉽게 사용할 수 있어.

여러 유형의 사람들이 생활하는 모습과 동작을 이해해 그들 처지에서 편리하게 쓰게끔 만들어졌지. 유니버설 디자인의 좋은 예이기도 해.

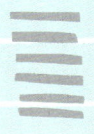

브래들리 타임피스

모든 사람이 태어나면서 공평하게 가진 재산은 뭘까? 바로, 하루 24시간이야! 시간이야말로 모두 공평하게 지닌 것이 아닐까? 하지만 24시간 중 지금이 몇 시인지 확인하는 방법이 모두 같지는 않아. 앞이 안 보이는 사람들은 시계를 볼 수 없으니깐.

시각 장애인용 시계가 없는 것은 아니야. 버튼을 누르면 시간을 말해 주는 시계가 있거든. 하지만 조용히 해야 하는 공공장소에서 쓰기 어렵고, 시끄러운 장소에서는 정확히 듣기가 힘들어. 그런 문제점을 해결하기 위해 만든 것이 바로 브래들리 타임피스야.

이 시계는 보는 것이 아니라 '만져서' 시간을 확인할 수 있게 디자인되었어. 시계의 정면과 측면에 구슬이 두 개 있는데, 정면 구슬은 분을 가리키고 측면 구슬은 시를 가리켜. 구슬이 시간에 따라 움직이면 그것을 만져서 지금의 시각을 알 수 있는 거야.

브래들리 타임피스는 시각 장애인만이 아니라 모든 사람을

위하도록 디자인되었어. 예를 들어, 어두운 영화관에서 시간을 확인하기 어려울 때, 우리는 시계를 만져서 확인할 수 있어. 이 외에도 수업 시간, 친구와 대화하다가 시간을 확인하기에도 좋아. 누구나 사용할 수 있는 디자인이지.

유니버설 디자인은 이름이 참 많아. '평생 디자인', '통합 디자인', '좋은 디자인'이라고도 하지. 그중 의미 있는 이름은 '모든 사람을 위한 디자인(Design for All)'이 아닐까 싶어. 사회적 약자뿐만 아니라 누구나 편리하게 만드는 것이 목적인 좋은 디자인을 뜻하니깐 말이야.

기술은 대단한 것이 아니야. 꼭 전기를 쓰고 어려운 조작법을 활용하지 않아도 돼. 창의적인 발상과 그에 알맞은 디자인이 만들어진다면 그것 역시 적정한 기술이야.

주위에 일상생활에서 불편함을 느끼는 사람이 있다면, 그 사람들을 위한 아이디어를 떠올려 보는 건 어때? 그 사람의 감정을 느껴 보고, 나도 혹시 그런 불편함을 느껴 보았는지 생각해

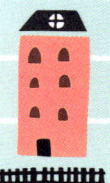

보는 거야. 그리고 우리가 쓰는 제품의 각 요소를 좀 더 편리한 방향으로 바꾸어 보는 거지. 그렇게 하다 보면 나만의 유니버설 디자인을 만들 수 있지 않을까?

사회 문제와 디자인이 만나면 어떤 일이 일어날까?

생활 속에서 우리가 마주하는 문제들은 다양해. 고령화, 남녀 불평등, 빈곤 등은 오래전부터 사회 문제였지. 디자인은 이러한 문제를 해결하는 실마리가 되기도 해. 디자인은 우리가 직면한 문제를 해결하는 작업을 통해서 발전해 왔으니 말이야.

쉘터슈트

네덜란드의 한 남자는 친구의 아버지가 거리에서 저체온증으로 죽었다는 소식을 들었어. 그는 그 소식에 충격을 받았어. 그리고 거리에 있는 수많은 노숙인들이 걱정되기 시작했어. 그래서 고안한 것이 침낭 겸 슈트인 쉘터슈트야.

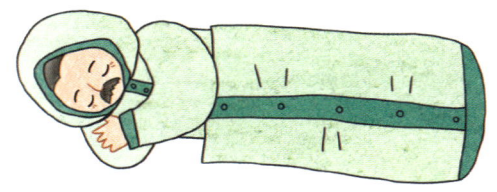

==쉘터슈트는 재킷과 하의를 지퍼로 잠가서 하나로 이어지게 만든 형태야.== 추운 바람으로부터 몸을 보호하고 외부에서 잘 때도 따뜻하게 체온을 유지해 주지. 평상시 활동할 때는 바지를 분리해서 재킷만 입을 수도 있어. =='옷'이라는 일상적인 물건에 다른 사람을 걱정하는 마음이 보태져 완성된 제품이야.==

우리나라의 경우, IMF 이후 노숙인 문제가 급격하게 사회 문제로 대두되었어. 그리고 여전히 우리 사회의 문제로 남아 있지. 획기적인 정책으로 노숙인을 전부 사회로 복귀시키면 좋겠지만 그건 사실상 힘들어.

노숙인의 문제는 그들만의 문제가 아니야. 노숙인의 인권이 지켜져야 우리의 사회도 안전해지고 모든 사람이 누리는 삶의 질이 향상되기 때문이지. 쉘터슈트만이 아니라 그들이 더 안전

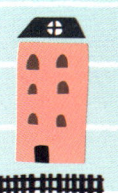

하게 살 수 있는 공간과 사회적인 역할에 대해 더 관심을 가져야 할 때가 아닌가 싶어.

라이프 스트로(Life Straw)

현대 사회에서는 '환경' 역시 디자인의 중요한 요소야. 환경 오염을 최소로 줄이고 제품의 효용성을 최대로 늘리는 지속 가능한 디자인이 대세이기도 해. ==제품의 개발 단계부터 환경을 생각하는 디자인을 '에코 디자인'이라고 해.== 에코 디자인은 자원의 낭비와 오염을 막는 목적도 있지만 사회 문제를 해결하는 데도 쓰여.

아프리카 지역은 수자원이 부족해. 게다가 식수를 만드는 시설도 제대로 짓지 못했어. 식수가 부족하다 보니 자연히 사람들은 오염된 물을 마시게 되었어. 오염된 물까지도 아쉬운 상황이니까. 오염된 물은 면역력이 약한 사람들에게 치명적인 설사성 질환과 각종 질병을 일으켜. 심하면 목숨을 잃을 수도 있어.

　라이프 스트로는 오염된 물조차 부족한 상황을 고려해 만들어진 제품이야. 사용 방법은 간단해. 오염된 물에 빨대를 넣고 물을 빨아들이면 끝! 정말 쉽지? 이처럼 간단한 사용법과 휴대하기 좋은 디자인 때문에 적정 기술과 에코 디자인의 훌륭한 조합이라고 평가받아.

　또한 필터만 바꾸면 되기 때문에 전기가 없어도 사용할 수 있어. 게다가 최대 1,000리터의 물을 정화할 수 있고, 박테리아와 미생물을 99% 제거할 수 있지. 물이 부족한 현대 사회에서도 응용할 수 있는 기술이야.

라꾸라꾸 휴대폰

　나이가 들면 기본적인 의식주부터 불편을 느끼게 돼. 몸이 노화되어서 앉았다 일어서는 행동도 힘들고 무거운 물건을 들 수 없지. 글씨를 읽는 것도, 딱딱한 음식을 먹는 것도 쉽지 않아. 누구나 나이듦을 받아

들여야 하지만 그만큼 배려도 필요한 부분이야. 우리 모두 노인이 되니까 말이야.

노인들의 어려움을 고려해서 만든 디자인을 '실버 디자인'이라고 해. 잔뜩 힘이 들어간 첨단 기술에서 조금씩을 덜어 낸 라꾸라꾸 휴대폰이 그 좋은 예이지.

젊은 사람들은 더 많은 애플리케이션을 이용하기 위해 용량이 많고 세련된 휴대 전화를 원해. 하지만 노인들은 달라. 최신 휴대 전화는 사용법을 익히기도 어려울 뿐더러 실제로 쓰는 기능도 일부분이거든.

라꾸라꾸 휴대폰은 노인에게 필요한 기능만 있어. 이를테면 청력이 약한 노인들을 위해 상대의 말이 천천히 들리게 한다든지, 위급 상황에 버튼을 누르면 주변에 큰 소음으로 알리고, 보호자에게 자동으로 전화를 거는 알람 기능 등이 있지. 기능을 많이 덜어 냈기 때문에 가격과 요금도 훨씬 싸.

디자인은 상상력에서 시작돼. 상상력은 창조적인 영역에만

활용되는 능력이 아니야. 다른 사람의 고통을 느끼고 배려하는 마음에서도 잘 쓰일 수 있어.

'내가 혹시 노숙인이 된다면?'

'환경이 나빠져 오염된 물을 마셔야 한다면?'

'우리 부모님이 늙어서 노인이 된다면?'

이런 상상을 하는 순간, 그들을 생각하는 마음이 생기고 새로운 기능이 탄생하는 거야. 배려와 공감은 디자인의 본질이고 기술의 발전을 불러온단다.

제 30회
세계 머신 선발 대회

　내가 지금 어디 가냐고? 나는 세계 머신 선발 대회에 시상을 하러 가는 길이야. 왜 내가 시상을 하냐고? 내가 이 대회의 1회 수상자거든. 생각해 보니 벌써 29년 전이구만. 내 소개는 그때 상을 받으며 했던 수상 소감으로 대신하도록 할게.

　"안녕하세요. 백신 냉장고입니다. 이렇게 큰 상을 받을 수 있게 되어 영광입니다. 저는 한 번에 300여 명의 생명을 살릴 수 있는 백신을 담을 수 있습니다. 특수한 구조로 만들어졌기 때문에 제 몸이 한 번 얼면 전기 없이도 50일이 넘게 백신을 안전하게 보관할 수 있죠. 한 해에 150만

명의 어린이를 구한 공로를 인정받아 이 큰 상을 받은 것 같습니다. 저를 이 자리에 있게 해 준 적정 기술 과학자들에게 이 상을 돌리도록 하겠습니다. 감사합니다!"

어때? 이 정도면 소개가 되려나?

올해에는 더욱 뛰어난 기계들이 후보에 올랐다고 들었어. 그래서 무척 기대하고 있어. 그럼 나와 함께 제 30회 세계 머신 선발 대회를 구경해 보지 않겠어?

"신사 기계, 숙녀 기계 여러분. 지금부터 제 30회 세계 머신 선발 대회를 시작하겠습니다!"

버스, 택시, 배 등 탈것이라면 어디서든 볼 수 있는 운전 로봇이 사회를 맡았어. 기계들이 어찌나 환호성을 내지르는지 있지도 않은 엔진이 터질 지경이야.

"왔어?"

"스마트 유모차. 오랜만이네?"

인사해. 이쪽은 스마트 유모차야. 유모차를 쓰는 사용자의 행동을 감지해 저절로

움직이는 친구지. 사용자가 천천히 움직이면 느리게 이동하고, 뛰어가면 빠르게 이동해. 아이들이 위험에 처한 상황이면 스스로 멈추는 기능도 있어. 하지만 저 친구 앞에서는 말조심하는 게 좋을 거야. 귀여운 어린이를 태워 주는 기능과 달리 행동이 무척 거칠거든.

"이번에 누가 우승할 것 같은가?"

유모차의 질문에 나는 시원하게 대답할 수 없었어.

"글쎄. 두고 보면 알겠지?"

자, 이제 첫 번째 후보자가 올라올 시간이야. 누가 올라왔는지 한 번 볼까?

"안녕하세요? 저는 수직이착륙 전기 항공기입니다."

전기 항공기는 비행기답게 공중에서 한 바퀴 휙 돌고 무대 위로 멋지게 착지했어. 여기저기서 탄성이 쏟아졌어.

"자! 수직이착륙 전기 항공기님. 자신의 장점에 대해서 이야기해 주시겠습니까?"

이 항공기는 겉모습이 번쩍번쩍한 걸 보니 어디 가서 주눅 들 것 같진 않군. 아니나 다를까 말도 아주 잘하더라고.

"개인용 항공기 사고 중 50% 이상은 이착륙 단계에서 일어납니다. 그래서 저를 만든 발명가는 활주를 할 필요 없는 항공기를 개발하기로

결심했죠."

사회자인 운전 로봇이 항공기의 말을 막았어.

"활주로 없이 어떻게 착륙한다는 거죠?"

"하늘에서 바닥으로 그냥 내려가는 겁니다. 수직으로 말이죠."

이야. 정말 대단하지 않아? 보통 비행기는 착륙하려면 멀리서부터 바퀴를 내리고 바닥을 쭉 미끄러진 후에 멈추잖아? 이 항공기는 그런 과정을 거치지 않고 수직으로 내린다는 거지. 이 항공기의 장점은 그게 다가 아니었어.

"저는 한 번 충전하면 두 명을 태우고 한 시간 동안 운전할 수 있습니다. 서울에서 대구에 이르는 거리를 비행할 수 있지요. 가장 좋은 점은 그렇게 비행하고도 다른 항공기보다 전기가 적게 든다는 것입니다. 연비가 다섯 배는 우수하지요."

"오! 정말 괜찮은데?"

나는 유모차의 말에 고개를 끄덕였어. 지금처럼 에너지가 부족한 시기에는 무엇보다 아끼는 게 중요하거든.

"네! 지금까지 수직이착륙 전기 항공기였습니다."

전기 항공기는 수직으로 떠오르며 다시 한 번 공중에서 휙 돈 후 무대에서 물러났어. 많은 기계들이 전기 항공기의 인상적인 비행 모습에 마음을 뺏겼어.

"이어서 두 번째 후보를 모시겠습니다."

나는 눈을 의심할 수밖에 없었어. 이미 오래전에 발명된 변기가 무대 위로 올라왔지 뭐야?

"어쩐지 어디서 구린내가 난다 했지."

유모차는 투덜거리며 바퀴를 덜컹거렸어.

"코도 없는데 무슨 냄새를 맡아."

"시끄러!"

내가 핀잔을 주자 유모차는 나를 세게 박았어. 내가 말했지? 유모차가 보기와는 다르게 거칠다고 말이야. 내가 말하고도 깜빡해서 이렇게 당하는군.

무대에 올라온 변기는 자기소개를 시작했어.

"안녕하세요. 저는 후보에 오른 옴니프로세서를 대신해서 참석했습니다."

"아. 대리 참석이시군요. 그럼 변기님께서 옴니프로세서에 대해 소

개해 주시겠습니까?"

변기는 목소리를 가다듬기 위해 물을 내렸어. 쏴아― 시원하게 물이 내려가는 소리가 들리고 나서 변기는 이야기를 시작했어.

"옴니프로세서는 사람의 배설물을 정화하여 깨끗한 식수를 얻는 놀라운 기술을 이용합니다. 그래서 저하고도 무척 친하지요."

"설마 똥을 물로 바꾼다는 말씀이십니까?"

"네. 맞습니다. 깨끗한 물로 바꿀 수 있지요. 게다가 전기도 만들 수 있고요."

놀란 기계들은 서로 떠들어 대며 웅성거렸어. 난 옴니프로세서가 개발되었다는 사실을 이미 알고 있었기 때문에 별로 놀라지 않았어. 이래 봬도 1회 수상자니까 누구보다도 다양한 기계들을 알고 있거든.

"어떤 방식으로 깨끗한 물과 전기를 만드는지 설명해 주시겠습니까?"

"작동 원리는 간단합니다. 우선 배설물을 1천 도 이상의 고열로 태웁니다. 그러면 배설물이 타면서 수증기가 생기죠. 그렇게 생긴 수증기를 냉각시켜 물로 만듭니다. 물이 빠져나간 배설물은 어떻게 될까요?"

"음. 물이 빠져나갔으니 건조하지 않을까요?"

사회자의 대답은 정답이었어.

"맞아요! 그럼 건조한 배설물을 다시 용광로에 넣고 태워 그 에너지로 전기를 생산하는 것입니다."

"정말 놀라운 기술이네요!"

기계들의 박수갈채가 쏟아졌어. 변기는 기계들의 박수 소리에 용기를 얻었는지 밝은 표정으로 옴니프로세서의 장점에 대해 몇 가지 더 말했어.

"옴니프로세서는 10만 명의 배설물을 처리해 하루에 전기 250킬로와트와 식수 8만 6천 리터를 만들어 낼 수 있습니다."

"물 부족 현상을 해결하는 데 꼭 필요한 제품이겠네요."

"위생 문제도 해결할 수 있어요."

"와, 정말 창의적이네요! 에너지와 자원이 부족한 지금 상황에 매우 적절한 기계 같군요. 옴니프로세서를 대신해 참석한 변기님, 감사합니다!"

내가 뚜껑을 열었다 닫았다 하며 딱딱 소리를 내자 유모차는 짜증을

냈어.

"그만해. 시끄러우니까."

하지만 나는 어떤 기계를 뽑아야 할지 고민이 되어 도저히 움직임을 멈출 수 없었어.

"세 번째 후보, 나와 주세요~!"

무대 위로 두 손이 달린 로봇이 올라왔어. 사회자는 자신과 비슷한 로봇이 올라오자 반가워하는 눈치야.

"친구를 만난 기분이네요. 자기소개 부탁드립니다."

"저는 복강경 수술 로봇입니다."

복강경은 복부 측면에 작은 구멍을 내어 그 안을 보면서 검사나 수술, 조직을 채취하는 내시경 도구야. 지금 무대에 올라온 로봇은 의사 대신 복강경으로 의료 행위를 직접 하는 로봇이지.

"굉장히 비싸다고 알려져 있는데 사실인가요?"

복강경 로봇은 손을 양 옆으로 휘두르며 대답했어.

"30년 전만 해도 저는 천만 원이 넘는 가격이었습니다. 하지만 지금은 다릅니다. 가격도 훨씬 싸져서 많은 사람들이 복강경 수술을 할 때 저를 택하죠."

"그렇군요. 복강경 로봇으로 수술을 하면 환자도 후유증이 적다고

들었습니다."

"맞습니다. 후유증이 적고 회복도 빠르죠. 세계 머신 선발 대회가 인간에게 기여한 공이 큰 기계에게 상을 준다면 제가 받아야 한다고 생각합니다."

유모차는 껄껄 웃었어.

"아직도 훌륭한 기계들이 줄을 섰는데 너무 배짱이 두둑한 거 아냐?"

나는 복강경 로봇을 눈여겨보았어. 자신감이 있는 기계는 다 이유가 있는 법이거든.

복강경 기계는 무대에서 내려가기 전에 한마디를 더 했어.

"이제 인간의 수명은 120세가 되었습니다. 의료 기기들도 그에 발맞춰 발전해 가고 있죠. 저는 그 기계들의 맨 앞에 서 있습니다. 인간을 생각하는 기계가 되겠습니다."

"지금까지 복강경 로봇이었습니다. 감사합니다!"

사회자는 이어지는 무대를 소개했어.

"그럼 잠시 쉬었다 갈까요? 인큐베이터 시스터즈의 축하 무대가 펼쳐집니다!"

인큐베이터 시스터즈가 누구냐고? 6개월 만에 태어난 미숙아도 엄마의 자궁처럼 품어 주는 인큐베이터들로 구성된 그룹이야. 인큐베이터 시스터즈가 무대 위로 나와 노래를 불렀어.

아이가 귀여워요, 정말로~! ♪

진짜로 귀여워요, 정말로~! ♬♪

우리는 아이들을 사랑해요. 누구보다 사랑해요. 정말로~! ♪♬

난 인큐베이터 시스터즈의 노래를 들으며 어떤 후보에게 상을 줄지 거듭 고민했어.

그래서 누구에게 상을 주기로 결정했냐고? 어허! 벌써부터 말해 줄 수는 없지. 기다려 봐. 곧 무대에 올라가서 발표할 테니까.

"지금부터 시상식을 거행하겠습니다."

나는 시상을 하러 무대에 올라갔어. 수많은 기계들이 나를 올려 보니 떨리더군.

"이거 제가 상을 받았던 날보다 더 긴장되는 것 같습니다."

나의 말에 기계들이 엔진을 그르렁, 바퀴를 탁탁, 철 소리를 깽깽 내며 웃었어.

"지금 우리 기계들은 30년 전에는 꿈도 꾸지 못했던 시대에 살고 있습니다. 지금은 시속 6천 킬로미터로 달리는 진공관 튜브 형태의 열차가 있어 전 세계 어느 곳이든 6시간이면 도착할 수 있지요. 오늘 사회를 본 운전 로봇이 사람들을 어디든 편안하고 안전하게 이동시켜 주고요."

나는 사회자인 운전 로봇을 가리켰어. 그러자 운전 로봇은 모자를 벗어 인사를 대신했지.

"개나 고양이 대신 애완 로봇을 키우는 인구가 무려 1천만 명에 이르렀습니다. 바야흐로 기계의 시대가 된 것이죠."

모든 기계들은 조용히 나의 말을 들었어.

"이런 때일수록 기계는 어떤 위치에 있어야 할까요? 과거에 사람들이 우려했던 것처럼 우리가 인간을 지배해야 하는 걸까요? 제 생각은 조금 다릅니다."

나는 수많은 기계들을 둘러보았어. 29년 전에 이 자리에서 섰을 때 본 기계들과는 달랐어. 첨단 기술로 만든 기계도 있었지만 기계 본연의 가치를 살려 단순하고 효율적으로 만든 기계들도 있었어.

"저는 지금이야말로 기계가 왜 만들어졌는지를 생각해 봐야 할 때라고 봅니다. 그리고 아직도 가시지 않은 불평등에 대해서도 고민해야 합니다. 그래서 제 30회 세계 머신 선발 대회의 수상자는 다음과 같습니다."

　미안하지만 내가 들려줄 수 있는 이야기는 여기까지야. 열심히 읽었는데 이러는 게 어디 있냐고 화를 낼 수도 있을 것 같아. 하지만 나는 선택의 기회를 너에게 주려고 해.

　네 생각은 어때? 어떤 기계가 상을 받았을까?

　인간을 위한 기계, 가치를 만들어 내는 기계를 수상자로 뽑았으니 네가 맞춰 보는 게 어때?

따뜻한 과학, 적정 기술이 미래가 되다

인간이 중심이 되는 과학, 적정 기술

세상에는 수많은 발명품이 나오고 있어. 눈으로 보는 것과 똑같은 화질을 자랑하는 카메라, 세계 어디든 갈 수 있게 지리를 정확하게 알려 주는 내비게이션, 수많은 음악을 들려주는 플레이어 등이 우리의 삶을 편리하게 만들어 주지.

수많은 사람들이 연구를 거듭하고 있으니 앞으로 기술은 더욱 발전할 거야. 지금보다 더욱 자동화될 미래에는 뛰어난 발

명품들이 많이 만들어져 시중에 나오겠지.

자동화 시대에 들어서면서 인간이 맡은 노동을 기계가 대신하고 있어. 어쩌면 먼 미래에는 거대 기업 몇 개가 시장을 움직이는 세상이 될지도 몰라. 적정 기술은 그러한 미래에 더욱 중요한 역할을 하게 될 거야.

'자동화된 미래 사회에 왜 적정 기술이 필요하지?'

우리는 적정 기술의 많은 예를 보았어. 대체 에너지를 이용한 기술, 가난한 나라를 돕는 기술, 장애인을 돕는 기술 등을 말이야. 적정 기술의 중심에는 누가 있을까? 바로 '인간'이야.

적정 기술의 정신은 인간이 기술에 맞추는 것이 아니라 기술이 인간에 맞추는 것에 있어. 기술 중심주의가 아닌 인간 중심주의지. 기계와 공존하는 영역이 더 늘어나는 첨단 자동화 시대에 적정 기술이 더 필요한 이유야.

"지구 환경과 인류 미래의 지속가능성을 생각하다!"

석탄과 석유 같은 에너지 자원에 의존하는 발전은 미래 사회에서는 절대 불가능해. 이미 자원들이 고갈되고 있기 때문이

지. 그렇기 때문에 자원을 절약하고 인간을 더욱 생각하는 적정 기술이 미래의 트렌드가 될 수밖에 없어.

적정 기술은 또한 과도한 문명사회에 질문을 던지는 역할을 할 거야. 굳이 필요하지 않는데도 자동화하려고 애쓰는 것은 아닌지, 모든 것을 첨단화하려고 하는 것은 아닌지 질문하게 되겠지.

==우리도 모르게 기술에 의존하려 할 때, 적정 기술은 간단하고 효율적인 방법으로도 첨단 기술 못지않은 일을 해낼 수 있다는 것을 일깨워 줄 거야.==

이런 측면에서 적정 기술은 과도한 현대 문명을 바로잡을 대안을 갖고 있기도 해! 그래서 적정 기술은 인간을 지키는 기술, 환경을 지키는 기술로서 미래에도 함께할 거야.

적정 기술의 실패로 보는 앞으로 나아갈 길!

아프리카는 심각한 물 부족 국가야. 물이 부족한 나머지, 오염된 물을 마셔서 20초마다 아이들이 사망하고 매년 40억 명의 사람들이 설사성 질환으로 고통 받고 있어.

 플레이펌프는 아프리카의 물 부족 문제를 해결하고자 개발되었어. 이 제품의 디자인은 우리한테도 무척 친숙해. 놀이터에서 놀아 본 경험이 있다면 누구나 아는 모양이거든. 안에 사람이 타면 바깥에서 빙글빙글 돌려 주는 놀이기구 모양이야. 현지 아이들이 놀이기구에서 놀면 빙글빙글 돌리는 동력을 이용해 지하수를 끌어올리는 방식이었어.

"아이들이 놀기만 하면 물을 얻을 수 있다니!"

사람들은 입을 모아 혁신적이라고 플레이펌프를 칭찬했어. 적정 기술을 응원하는 사람들은 손으로 펌프질해야 하는 구식 펌프 대신에 플레이펌프를 쓰도록 지원을 아끼지 않았어. 막대한 모금으로 모잠비크를 비롯한 아프리카 10개국에 플레이펌프가 설치되었지. 모든 후원자들은 플레이펌프를 통해 아프리카의 물 부족 문제가 해결되기를 바랐어.

하지만 플레이펌프가 설치되고 채 3년이 지나지도 않아 문제가 생기기 시작했어. 개발자들은 아프리카 곳곳에 설치한 플레이펌프에 물이 차지 않는다는 것을 알고 원인을 알아보았지. 문제는 플레이펌프 자체에 있었어.

첫째, 아이들이 플레이펌프를 갖고 놀지 않았어. 시간이 지날수록 물을 얻는 이 놀이기구에 아이들은 흥미를 잃었거든. 제대로 먹지도 못하고 하루 종일 일만 해서 놀이기구를 탈 힘까지 남아 있지 않았던 거야.

둘째, 수리하기가 어려웠어. 플레이펌프를 만든 개발자들은

다른 나라에 살고 있어서, 아프리카에서 사용하다 고장이 나도 수리할 사람이 없었지. 수리 요청을 해도 3개월에서 6개월이 걸려야 보수할 수 있었어. 그러니 자연스럽게 플레이펌프를 이용하는 사람이 줄었지.

셋째, 구식 펌프만큼 편하지 않았어. 놀이기구의 디자인을 착안해 흥미를 끌었지만 여성들이 사용하기에는 버거웠고 남성들이 사용하기에는 재밌지 않았어. 물을 끌어올리는 건 구식 펌프가 훨씬 편하다는 생각에까지 미치게 된 거야.

야심차게 사업을 진행한 지 5년 만에 플레이펌프는 조용히 사라졌어. 그리고 원래 쓰던 구식 펌프가 제자리로 돌아왔지.

플레이펌프는 '접근성, 디자인, 가격'이라는 삼박자를 고루 갖추었다고 자부했지만 결국 실패하고 말았어. 이외에도 몇몇 적정 기술 제품들이 아이디어는 기발하지만 지속적인 관심을 받지 못해 제대로 관리되지 않고 있어.

지구 환경과 인류 미래의 지속 가능성을 위해 적정 기술이 꼭 필요하다면, 어떤 노력을 기울여야 할까?

적정 기술 '사용 설명서'!

톡톡 튀는 아이디어, 싼 가격, 접근성 이외에도 '주 사용자에 대한 이해'가 꼭 필요해. 날씨에 맞는지, 지형에 맞는지, 문화에 맞는지 고루 따져야 하지. 어떤 물건을 만들더라도 사용자는 당연히 신경 써야 할 대상이지만 적정 기술에서는 특히 강조되어야 해.

적정 기술 제품을 설계하고 제작하는 사람들과 사용하는 사람들이 사는 곳이 다르기 때문에 현지 상황을 쉽게 알 수 없어. 예를 들어 상하수 시설이 없는 지역에서는 위생상 수세식 화장실이 아무리 좋아도 재래식 화장실이 유용할 수밖에 없잖아?

따라서 되도록 현장 주변에서 쉽게 구할 수 있는 재료를 사용하고, 제작과 유지 보수까지 편하도록 구조를 최대한 단순하게 만들어야 해.

적정 기술이 사용자에게 적절하게 이용되려면 교육도 필요해. 적정 기술을 사용할 사람이 제품의 장점을 모른다면 굳이

쓰려고 하겠어? 사용자들이 정확한 사용법과, 그로 인해 얻는 부가 가치를 알게 된다면 제품을 더욱 자주 쓸 거야.

공부는 적정 기술을 제공하는 사람도 해야 해. 적정 기술을 나눔, 봉사의 개념으로 보기보다는 서비스를 판매하는 일종의 사업이라고 생각해 보는 거지. 그러면 사용자에게 더 가치 있는 적정 기술 제품이 탄생할 수 있을 거야.

앞서 예로 든 라이프스트로의 경우, 흙탕물을 먹을 수밖에 없었던 개발도상국 주민을 위해 개발되었어. 하지만 여행자의 비상용품 혹은 긴급 재난에 쓰는 구호품으로 선진국에서도 수요가 늘고 있어. 이밖에 태양 전지를 이용한 소규모 발전 시설과 가로등, 분뇨를 발효시켜 퇴비로 활용하는 생태 화장실 등에서도 이러한 가능성을 엿볼 수 있단다.

그리고 ==지속적인 관심은 필수야==. 만들어 놓고서 관리하지 않는다면 무용지물이 되겠지? 이러한 조건들이 조화를 이루기는 쉽지 않아. 하지만 모두 함께 기술을 누리기 위해 노력할 가치가 있는 일이야.

우리나라의 적정 기술과 미래를 살펴보자!

우리나라는 적정 기술의 필요성에 대해 절실히 느끼고 있지만 발전 단계는 더딘 편이야. 식민지 시대와 전쟁을 겪으면서 생겨난 빈곤 때문에 기술을 급성장시키는 것이 더 중요했거든. 그래서 정부에서도 적정 기술에 큰 관심을 보이지 않았어.

하지만 그 어떤 나라보다도 과학 기술이 빠르게 성장한 지금은 적정 기술에 대한 인식이 많이 달라졌어. 2010년부터는 특허청, 중소기업청, 미래창조과학부 등 정부기관도 적정 기술에 대한 정책을 마련해 지원하기 시작했어.

우리나라의 적정 기술은 이제 막 걸음마를 뗀 상태야. 요즘에는 각박한 도시를 떠나 자연과 함께하는 농촌으로 가는 사람들이 늘고 있잖아? 그 사람들이 지역 사회를 구성하면서 적정 기술을 개발하고 있어. 한 예로, 완주의 덕암마을은, 에너지 생산부터 사용까지 스스로 해결하는 '에너지 자립 마을'로 선정되었어.

우리나라의 적정 기술은 일반적으로 비정부 단체인 NGO, 기술 개발자 단체, 전문경영 조직 등 다양한 조직들이 힘을 합쳐 개발되고 있어. 그렇다면 ==우리나라에서 적정 기술이 더욱 발전하기 위해서 헤쳐 나가야 할 과제는 무엇이 있을까?==

무엇보다 적정 기술 과학자들과 활동가들의 원활한 활동을 위한 지원이 더 잘 이루어져야 해. 기술 개발 및 지원금을 조달하기 위한 크라우드펀딩이 진행되고 있지만 아직 활발하지는 않아. 우리의 관심이 많이 필요한 부분이야.

일반인들 또한 적정 기술을 배우고, 사업을 직접 기획하거나 경험할 수 있도록, 적정 기술 관련 프로그램도 많아질 필요가 있어. 적정 기술을 위한 사업이 새로 생기는 것도 좋지만 지금 있는 프로그램과 잘 결합되어 해당 프로그램의 성과를 높이는 방향도 중요하겠지.

우리나라는 지난 60년이라는 짧은 기간 동안 높은 기술 성장을 이루었어. 그래서 적정 기술을 더욱 잘 활용할 수 있는 나라로 관심을 받고 있어. 우리의 성장 동력인 과학 기술을 기반으

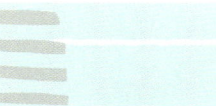

로 적정 기술을 개발한다면 더 큰 효과가 있으리라 확신해.

사람들의 참여와 관심, 지원, 시스템을 갖춘다면 제 1의 적정 기술 개발국이 될 날이 머지않을 거야.

우리나라의 적정 기술 단체를 살펴보자!

우리나라에서 적정 기술을 발전시키기 위해 활약하는 단체 세 곳을 소개할게.

국경 없는 과학기술자회(http://sewb.org/)

'국경 없는 과학기술자회'는 개발도상국에 적정한 과학 기술을 보급하고, 개발하는 단체야. 그 기술이 잘 유지되도록 교육하고, 현지의 교육 기관 및 연구 기관과 적정 기술에 관한 교류도 하고 있지.

국경 없는 과학기술자회가 한 대표적인 행사는 캄보디아 등지에서 이뤄진 '급수 시설 공급 사업'이야. 협동조합 '아이쿱'과

함께, 페트병을 하나 모을 때마다 30원을 기부하는 이벤트를 열어 페트병 100만 개를 모았어.

페트병으로 만든 자금을 바탕으로, 국경 없는 과학기술자회는 적정 기술을 활용한 급수 시설을 개발했어. 그리고 캄보디아 등지에 공급해 현지인들의 삶을 더욱 좋게 개선했지.

대안기술센터(http://atcenter.or.kr/)

2000년대 중반까지만 해도 국내에는 적정 기술을 위한 조직 활동이 없었어. 국내에서 최초로 정확한 적정 기술 개념을 토대로 만들어진 단체는 2006년 설립된 '대안기술센터'야.

대안기술센터는 적정 기술을 이용해 지속가능한 지역 공동체를 만들고, 손쉽게 사용할 수 있는 적정 기술을 교육하고 있어. 친환경적인 공동체 마을을 만들기 위해 시멘트 대신 볏짚을 이용한 공동체 주택과 대안 학교 '민들레학교'를 지었지. 실생활에 직접 사용할 수 있도록 '바이오디젤 보급 운동'이나 '태양열 오븐으로 밥짓기 운동' 등 보급 운동도 펼치고 있어.

적정 기술 미래 포럼(http://approtech.or.kr/)

적정 기술을 개발할 사람, 사용할 사람 모두 교육이 꼭 필요해. '적정 기술 미래 포럼'은 적정 기술 교육에 앞장 서는 비영리 단체야.

적정 기술 미래 포럼이 운영하는 아카데미에서는 적정 기술의 의미는 물론, 제품 개발과 문제 해결에 대해서도 배울 수 있어. 교육 말고도 전시회를 열어 여러 적정 기술 제품을 소개하기도 해. 적정 기술에 관심이 있는 어린이라면 이 단체에서 발간하는 잡지 〈적정 기술〉을 한 번 찾아보자.

아이작 뉴턴, 적정 기술과 운명처럼 만나다
따뜻한 과학, 적정 기술은 무엇일까?

5학년 1학기 사회	4. 우리 사회의 과제와 문화의 발전	1. 경제 성장의 그림자 2. 우리 사회의 오늘과 내일
6학년 2학기 사회	4. 변화하는 세계 속의 우리	2. 세계화의 모습과 우리의 역할

들리지 않아도, 말하지 않아도 대화할 수 있어요!
따뜻한 과학, 적정 기술이 이웃과 만나다

5학년 1학기 사회	4. 우리 사회의 과제와 문화의 발전	3. 새로운 매체와 문화발전
6학년 2학기 사회	4. 변화하는 세계 속의 우리	3. 함께 해결하는 지구촌 문제

이야기 셋

우리 동네 햇빛 영화관은 아주 특별해!
따뜻한 과학, 적정 기술이 환경과 만나다

4학년 도덕	6. 내가 가꾸는 아름다운 세상	1. 자연과 함께하는 우리 2. 환경 바른 생각으로 지켜요
5학년 1학기 사회	2. 환경과 조화를 이루는 국토	1. 우리를 둘러싼 환경 2. 인간과 환경의 조화로운 삶 3. 모두를 위한 지속가능한 발전
6학년 1학기 실험관찰	2. 생물과 환경	- 우리 생활은 생태계에 어떤 영향을 줄까요 - 사람들은 생태계를 보전하고 복원하기 위하여 어떤 노력을 하고 있을까요

이야기 넷

우리 모두를 위한 디자인, 노란 카펫을 아시나요?
따뜻한 과학, 적정 기술이 디자인과 만나다

3-4학년 미술 통합	11. 디자인의 세계로	알아보기 쉽게 디자인 해볼까요
5-6학년 미술 통합	4. 함께 하는 길	거리 속 기호 (공공디자인. 픽토그램)

이야기 다섯

제30회 세계 머신 선발 대회
따뜻한 과학, 적정 기술이 미래가 되다

| 5학년 1학기 사회 | 2. 환경과 조화를 이루는 국토
4. 우리 사회의 과제와 문화의 발전 | 3. 모두를 위한 지속가능한 발전
2. 우리 사회의 오늘과 내일 |

| 6학년 2학기 사회 | 4. 변화하는 세계 속의 우리 | 1. 우리가 만들어 가는 미래사회
2. 세계화의 모습과 우리의 역할
3. 함께 해결하는 지구촌 문제 |

국어, 사회, 과학, 기술, 도덕, 경제까지
교과목 공부가 되고 세상의 눈을 키우는 상식도 쌓아주는
사회과학 동화 시리즈

공부가 되고 상식이 되는! 시리즈 ❶
어린이 생활 속 법 탐험이 시작되다!
신 나는 법 공부!
장보람 지음, 박선하 그림 | 168면 | 값 11,000원

변호사 선생님이 들려주는 흥미진진한 법 지식과 리걸 마인드 키우기!
이 책은 어린이 친구들에게 법률 지식은 물론 실생활에서 일어나는 크고 작은 사건들을 통해 법적 시야를 길러준다. 흥미로운 생활 이야기를 통해 어린이 친구들이 법적 추리, 논리를 배우고 꼭 필요한 시사상식을 알 수 있게 한다. 현직 변호사 선생님이 직접 동화와 정보를 집필하여 어린이 친구들에게 자연스럽게 리걸 마인드(legal mind)를 키워낼 수 있도록 돕고 있다. 생활에 필요한 법 지식을 배우게 되어, 법치 질서가 중요해지는 미래 사회의 인재로 자라나게끔 이끌어준다.

공부가 되고 상식이 되는! 시리즈 ❷
동화로 보는 착한 소비의 모든 것!
미래를 살리는 착한 소비 이야기
한화주 지음, 박선하 그림 | 148면 | 값 11,000원

친환경 농산물, 동네 가게와 지역 경제, 대량생산vs동물복지, 저가상품vs공정상품
이 책은 어린이 친구들에게 현대 사회의 중요 행동인 "소비"를 통해 사회 활동과 경제 활동에 대한 이해를 높이며, 현명한 소비 생활에 대해 생각거리를 던져 주는 동화책이다. 왜 싼 제품을 사면 지구 건너, 혹은 이웃 나라의 아이들이 더 고생하게 되는지, 왜 동네 가게 주인아저씨의 걱정이 대형마트와 관련이 있는지, 어린이 친구 눈에는 잘 이해되지 않는 소비에 관한 진실과 흐름을 들려준다. 세상은 더 연결되어 있고, 나의 작은 소비가 어떤 영향력을 가지는지를 알려준다. 어린이 친구들에게 '소비'라는 사회 행위에 담긴 윤리성과 생각거리를 일깨워 주고 다양한 쟁점에 대해 이야기해 보도록 제안한다.

공부가 되고 상식이 되는! 시리즈 ③

똑똑한 경제 습관과 금융 IQ를 길러 주는 어린이 금융경제 교육

적금은 뭐고 펀드는 뭐야?

김경선 지음, 박선하 그림 | 120면 | 값 11,000원

동화로 보는 어린이 금융경제 교육의 모든 것!

이 책은 어린이 친구들을 유혹하는 다양한 금융 서비스와 환경에 대해 제대로 살펴보고, 실생활에서 꼭 필요한 금융경제 지식에 대해 알려준다. 이미 선진국에서는 의무교육화된 '어린이 금융경제교육'의 필수 내용을 재미있는 동화로 풀어내고 있다. 어려워 보이는 금융 용어에 대해 이야기로 살펴보며, 경각심을 지켜야 할 부분에 대해 방점을 찍어준다. 금융의 책임감과 편견에 대해서도 바로잡아주며, 경제에 대한 균형 잡힌 시각을 키워주는 책이다.

공부가 되고 상식이 되는! 시리즈 ④

우리가 소셜 미디어를 하면서 반드시 알고 지켜야 할 것들의 모든 것!

미래를 이끄는 어린이를 위한
소셜 미디어 이야기

한현주 지음, 박선하 그림 | 152면 | 값 11,000원

1인 미디어, 실시간 정보검색, 온라인 인간관계 길잡이, 올바른 SNS 사용규칙

이 책은 소셜 미디어 시대를 살아가는 어린이들에게 다양한 디지털 기기(스마트폰, 컴퓨터, 미니패드 등)를 통해 접하는 'SNS 서비스가 나에게 어떤 영향을 끼치는지' 재미있는 동화를 통해 깨달아간다. 더 나아가 익명성, 사생활 침해, SNS 중독 같은 사이버 문제를 해결하고 지켜야 할 윤리, 규칙에 대해서도 가르쳐준다. 소셜 미디어와 디지털 기기의 특성을 하나하나 살펴보며 온오프의 균형 감각을 가지고 슬기롭게 생활하는 방법을 일깨워준다. 바야흐로 미래의 주인으로 성장할 어린이 친구들에게 꼭 필요한 SNS 길잡이다.

공부가 되고 상식이 되는! 시리즈 ⑤

동화로 보는 SW교육, 사물인터넷, 인공지능 로봇, 로봇 세상의 생활과 진로!

어린이를 위한
인공지능과 4차 산업혁명 이야기

김상현 지음, 박선하 그림 | 163면 | 값 12,000원

과학 기술과 데이터, 로봇과 공존하는 인공지능 시대를 살아갈 어린이 친구들을 위한 과학 동화

이 책은 인공지능 기계와 함께하는 미래에 대해 쉽고 재미있게 알려주며, 정보통신 기술이 가져온 4차 산업혁명에 대해 살펴보는 과학 동화책이다. SW 교육, 사물인터넷, 인공지능, 로봇 세상의 일자리 등 한 번쯤 들어는 봤지만, 구체적으로 무슨 내용인지는 모르는 디지털과학의 영역을 동화로 흥미롭게 살펴본다. 어린이 친구들은 기계와 다른 인간의 고유한 가치와 영역에 대해 자연스럽게 깨닫고, 미래에 필요한 창의적 사고력, 컴퓨팅 사고력을 키우게 될 것이다. 또한 미래 사회의 주역으로 성장할 어린이 친구들에게 필요한 소양과 가치 판단에 대한 생각거리를 던져주고, 토론 주제도 이야기한다.